费孝通选集
（纪念版）

补课札记
暮年漫谈

费孝通　著
张　喆　主编

重庆出版社

图书在版编目（CIP）数据

补课札记 ； 暮年漫谈 / 张喆主编 ； 费孝通著. 重庆 ： 重庆出版社，2025. 7. -- ISBN 978-7-229-20201-9

Ⅰ. C91

中国国家版本馆CIP数据核字第2025SD5811号

补课札记　暮年漫谈

BUKE ZHAJI　MUNIAN MANTAN

张　喆　主编　费孝通　著

策划编辑：何欣蔚

责任编辑：傅　栩　刘星宇　何欣蔚

责任校对：刘小燕

装帧设计：刘　尚

重庆出版社　出版

重庆市南岸区南滨路162号1幢　邮编：400061　http://www.cqph.com

重庆出版社有限责任公司品牌设计分公司排版

天津淘质印艺科技发展有限公司印刷

重庆出版社有限责任公司发行

全国新华书店经销

开本：787mm×1092mm　1/32　印张：9　字数：130千

2025年7月第1版　2025年7月第1次印刷

ISBN 978-7-229-20201-9

定价：55.00元

补课札记

目录

暮年漫谈

补课札记

——重温派克社会学

我扪心自问，应当承认这件重建社会学的事，我并没有做好，没有有始有终地完成。既然如此，接着，我觉得应当认真地想一下，在我生命结束之前，我还能做些什么？自己得到的结论，我应当做的，就是“决心补课”。这里所说的“补课”是重新补一补社会学的基础课。

决心补课

1998年6月，我们趁北大100周年的东风，从国外和港台的人类学和社会学界邀请一批当前比较活跃的学者，有些是我们的老朋友，大多是较年轻的新进，莅校讲学，形成一系列学术演讲。我们的目的是想为我们的学科打开一些窗户，建立一些流通渠道，放进一些新鲜空气。在这系列演讲结束后，接着就开办第三届“社会文化人类学高级研讨班”，想趁热打铁，让这学科的东西两头接上。在研讨班结束时，我做了一次即席发言，发挥了一通我在这一段时间里常在头脑里打转的“补课”两字。

“补课”两字是小平同志1979年在《坚持四项基本原则》的讲话里提出来的。他是针对那些在大学里停止了有二十多年的社会学等学科而说的。“需要赶快补课”这句话，成了后来重建社会学的根据。他所说的“补课”是指这些学科应当在大学课程里“补足”，也就是恢复的意思。后来我们觉得说恢复还不如说“重建”为更妥当些，因为如果社会学按二十多年前的老样再端出来，似乎不太合适，还是根据当前形势的需要“重建”为好。

最近这段时间里在我脑子里转动的“补课”却是针对我个人而言的。我越来越感到自己在学术上需要好好地补补课。特别是在听了北大100周年期间国外学者那系列演讲之后，更觉得自己有此需要。分析一下我这种自觉的迫切心情，看来是由于这几年来，特别是这一年来，我日益觉得所处的时代变动得太大和太快了。在我参与这次系列演讲时已有所流露。我在这系列演讲里宣读的那篇《读马老师遗著〈文化动态论〉书后》里曾说，一个学者的理论总是反映他所处时代的实际。时代在变动，一个学者的理论也总是跟着在变动。我用这个观点去说明马老师怎么会提出文化动态论的原因。我一面写这篇“书后”，一面反问自己，我跟上时代没有？这一问，使自己惊醒了。

我已说过多次，“身逢盛世”。时代是对得起我的，但我却有点负了时代，我自认自己远远没有赶上时代动态的步伐。我所处的这个盛世已为我提出了多少有意义的题目，但大多我却让它们在手边滑过去了，至多也只能说掠得一点影子。人为什么总是抓不住，吃不透？关键还是在自己能力不足。能力不足是由于自己这一生里投下的工夫不够。这方面我有自知之明，总结一句是求知之心还不够迫切和踏实，常满足于浅尝而止，难逃不深不透。

过去的已经过去了，悔恨也没有用。眼睛还是看前面为好。尽管自知在我前面的日子已不会太多，但不管以后的日子还有多少，当前我的脑子似乎还抵用，于是自己提出了“决心补课”。

既有了这决心，我就得抓紧落实。首先要解决的是先补哪一课。我给自己的答复是先补社会学。老实说对社会学我一直有点头痛。这话可以从1979年乔木同志要我带头来重建社会学那一刻说起。当时我明确地表示我不敢接受这个任务。后来我还是勉为其难，即当时所谓“知难而进”。这段经过我已公开讲过不止一次了。这里不用多说了。

经过了20年，事实已证明一个学科挥之即去是做得到的，要呼之即来却不那么容易。至今这门名叫社会学的学科，在中国还是不能说已经站稳。其他原因可以不多说，只说我自己。我扪心自问，应当承认这件重建社会学的事，我并没有做好，没有有始有终地完成。既然如此，接着，我觉得应当认真地想一下，在我生命结束之前，我还能做些什么？自己得到的结论，我应当做的，就是“决心补课”。这里所说的“补课”是重新补一补社会学的基础课。

补习社会学又怎样着手呢？我想只有老老实实地把我最初接触社会学时的课本端出来重新复习一遍。于是我回想到了我怎样开始学社会学的这段经历。我发现了一段缺课，没有学社会学的入门课。我是1930年从东吴大学医预科转入燕京大学社会学系的。转学时我已是大三的学生，到了燕京入了社会学系可说是半路出家，并没有学过社会学概论，这是大一的课程。因之我对社会学的一些基本概念并没有在课堂上听老师讲过。这使我吃了不是科班出身之苦。我进入燕京后所修第一门社会学的课程是吴文藻先生讲授的《西方社会思想史》。在这门课程里当然也牵涉了不少关于社会学的基本概念，但是这些都是我自修自学得来的，不系统、不结实。也许这是我在这个学术领域里一直成为一匹野马的历史根源之一。

我既看到了我自身有这一段缺课，觉得要补课就可以从这里补起了。于是我从书架上找到了吴文藻先生遗留下来给我的那本曾经在我进大学时的30年代在美国风行过一时的派克（Robert E. Park）和伯吉斯（E. W. Burgess）合编的《社会学这门科学的引论》（*Introduction to the Science of Sociology*，以下简称《引论》），我就把这本《引论》看做是我补课的入口门径。

关于这本《引论》我要加一段回忆。我现在手边用做补课入门的这本书，首页角上还有吴文藻先生亲笔的签名，下面还注明1927年2月5日的日期。这是件我一生中值得纪念的事，我愿意在这里多说几句。吴文藻先生是1985年去世的。去世前曾向他的家人说，他遗留的藏书都要捐赠给中央民族学院图书馆，但是愿意留下一些给我这个学生作为纪念，至于留下哪些可由我本人去挑选。我重视这个遗嘱，因为这正是他一生“开风气，育人才”的生动实例。后来我从他的遗书中挑了派克老师所著的两本书：一本就是上引的《引论》，另一本书是《论城市》（*The City*）。当时我选这两本书，是因为吴文藻和派克这两位老师是我一生从事社会学的学术源头，留此实物作为纪念，永志不忘。没有预料到今天这两本书竟是吴老师为我留下当前“补课”的入门。把以上这些事情联串到一起来，说是巧合似乎还不能尽意，如果说这里还有点天意，又未免太神了些。

派克来华

在我的学术生命里，“派克来华”原来也是一件偶然的巧遇，并不是我早就预料到的。但回想起来，这却是一件对我的一生起着关键作用的事。在这篇补课札记中，应该提前交代一笔。

派克来华是1932年。他当时是燕京大学社会学系从美国芝加哥大学社会学系邀请来的访问教授。这并不是他初次到中国来访问。早在1925年，美国参加太平洋学会这个国际性的学术团体时，派克就是这个团体的一个成员，并出席了该会在该年举行的檀香山会议。会后，他做了一次东亚旅行，到了东京、上海、南京和马尼拉，但没有到北京。1929年3月他又出席了该会在日本京都举行的会议。会后接着去印尼的万隆参加第四届太平洋科学会议。会后，除在印尼各地旅游外，又到新加坡和菲律宾转了一圈。9月到达上海，在沪江大学讲了一课。10月到南京转去东京。这次东亚旅行他又没有到北京。

派克通过太平洋学会和东亚各国学者的接触使他对这地区的民族和文化问题发生了深厚的兴趣，印象最深的是中国。在他没有到北京来之前就说过“不住上20年，谈不上写关于中国的书”。1932年8月的最后一个星期，他从檀香山启程来中国，在日本小住了一下，直奔北平燕京大学。他心中有一个远大的计划，想联合太平洋各国的学者，共同研究“race problem”，用现在的话来说是太平洋各国的民族和文化的接触、冲突和融合问题。他打算接受燕京大学的邀请，在中国讲学一个季度，然后去印度和非洲旅行。

1932年的秋季，我正在燕京大学社会学系上学，是该年毕业班的学生。按我1930年转学燕京时的计划，1932年暑季应当就可以毕业了，但是因为这年正值日本侵占我们东北，全国各地发生了学生抗议示威运动。我在该年开学后不久因为参加游行队伍，在还没有习惯的北方深秋气候里受寒病倒，转成肺炎，送协和医院医治，住院有一个多月。学期结束时，大学注册科通知我，因请假超过了规定时间，这学期所修的学分全部作废，虽则各课期终考试都得了优秀成绩。但是既有校章规定，我只能在大学里多读一年了。本应四年毕业的大学教育，我却花了五年。回想这件事，也可以说是因祸得福。因为如果我1932年暑假就毕业得了个学士学位，未必再留在燕京，那就不一定会有认得派克教授的机会了，我这一生就会有另外一番经历。

我是1932年暑假后，秋季开学时见到这位派克老师的，当时他的正式头衔是美国芝加哥大学的社会学教授。1933年他从这次亚洲旅行回芝加哥大学后就从这个教授岗位上退休了。到了1936年又不甘休闲进了美国Fisk大学去当访问教授，继续教书。Fisk大学是美国著名的黑人大学。

派克到燕京来讲学是认真的，意思是说，他正式开课，给学分，按时上堂讲课。课后还通过个别谈话和偕同出去参观指导学生学习。我当时作为社会学系里高年级的老学生，正式选了派克的课，注了册，每堂去听课，还要按老师的指定，进行课外作业，作为一门正式课程学习的。这一套规矩，现在大学里似乎已没有这样严格了。

在派克老师班上，我们这些学生特别认真，原因是他名气大，所谓先声夺人。在他未到之前，学生里已经流传开了他是美国社会学家，这门学科的老祖宗，即祖师爷，是芝加哥学派的创始人。他当时其实只有68岁，但满头白发，一看了就会觉得是个德高望重的学术泰斗。当时在燕京教社会学的老师，在我们的眼中都比他年轻，被看成低了一辈。所以我们提起派克总是要伸一下大拇指，所以说我在我们没有见他时，就已经心服了。他说的话得好好地听，相信一定是有道理的。一见面就觉得这位老师真是名不虚传。第一堂，就轰动了我们这辈年轻小伙子。我的同学杨庆堃，当时就记下了这段话，后来在罗森布什（Raushenbush）写的派克传记里第133页上还被引用过。这段被引用的话当时在我们这些学生里是流传过的，翻译过来是这样：他开了一门“社会学研究的方法”的课，这确是这一批学生中在大学里最令人兴奋的课程。我至今还清清楚楚地记得他在课堂上第一句话是：“在这门课程里我不是来教你们怎样念书，而是要教你们怎样写书。”这句话打动我们的想象力，开了我们的心窍。

那本传记里又说过，派克老师一直反对早年在美国乡镇小学里通行的所谓Rot教育，即死记硬背的教育法。他也许已风闻东方的教育基本上还是这一套，所以在给我们上的第一堂课开始就表示反对这种学习方法。这句话特别打中当时我们这些学生的心，就是不要读死书和不要死读书。这几个死字，就把我们吸住了。接下去他说我们应当从生活的具体事实中去取得我们对社会的知识。他又用具体例子说明从具体生活中看到的生动事实要经过分析和归类，进一步去理解其意义。他鼓励大家要大胆提出假设，然后再用观察到的生活事实来肯定或否定这些假设。

我们听了派克老师开门见山的第一堂课，觉得大有道理和正中下怀，具有闻所未闻的新鲜感。其实这种实证主义的科学方法论，我们在五四运动时早已由胡适等人传入了中国。而且说起来也很有意思，胡适和派克所讲的这套话，原是出于同一来源，这来源就是美国在20年代就很出名的"杜威博士"（John Dewey）。派克1883年在Michigan大学读书时就师从过杜威，而且一向承认深受他的影响，这是后话。胡适的那一套也是在美国留学时从杜威这位老师那里学来的。他所主张的实证主义在五四运动中传播到了中国。我们这批大学生应当早就听过这些“科学方法论”，但不幸的是这种其实已是“老生常谈”，我们在从派克老师口上听到时还是那样激动。这说明这套话并没有进入我们这批学生的头脑里，被读死书，死读书的传统卡住了。派克老师把这个障碍给踢开了，把我们的脑门打开了，老话变新变活了，这一变就把我们这批学生带入了一个新的境界。以我个人来说，不能不承认这句话为我这一生的学术经历开出了一条新路子。不仅我这一个人，凡是和我一起听派克老师这门课程的同学，多多少少在灵魂上震动了一下，而且这一震动，实实在在地改变了其后几十年里的学术生活，说不定多少也影响了中国社会学前进的道路。我的这种看法和想法也说明了为什么我想补课时，又找到这位派克老师。

派克的早年

关于派克的身世，我所根据的资料主要是来自罗森布什所著的*Robert E. Park: Biography of a Sociologist*。（《派克：一个社会学家的传记》，以下简称《传记》）1979年，Duke University Press出版。关于这本书我又有一段话要在这里先说一下。

我并不认识这书的作者，也不知道他是何许人。但由于这本《传记》有一篇导言和一篇收场白是派克第一代及门弟子休斯先生（Everett C. Hughes）所写，因而推想《传记》的作者大概也是芝加哥大学社会学系出身的人。

我手头这本《传记》是1979年4月30日Hughes先生亲手送给我的。当时我参加中国社会科学院访美代表团到达哈佛大学。有人告诉我Hughes先生就住在附近，带了个口信来希望能和我见见面。4月30日我就找到Hughes先生的家，登门拜访。我们是初次见面，但久已是慕名之交。当时我们谈了不少有关派克身前的事，相见甚欢。临别他送了我这本当时新出版的《传记》。他还在该书扉页上当场写下："From his Chicago friends, the Redfields + the Hughes." 下面还写了日期和地点。这本《传记》随着我回到北京，一直搁在书架上，到我这次决心补课，重新复习派克社会学时，才开始认真地从头拜读了几遍。

我一向认为一个人的思想总是反映这个人所处的时代，其内容摆脱不了他个人身世的烙印。所以要理解一个人的思想决不能离开这个人一生的经历。从一个人所有的思想也可以看到这个人所处时代的面貌。从这个角度去重温派克社会学，Hughes 先生送给我的这本《传记》实在太重要了。尤其是这本《传记》如他在导言里所说的是一本美国社会学的“自然史”（natural history）中的一部分。“自然史”是派克提倡的一种叙述事物在时间进程中的变化经历的体裁，叙述事物的对象可以是生物的一个种类，也可以是构成社会的一个人或一个群体。这本以自然史体裁写的派克传记也是一本叙述派克怎样成为一个社会学家经过的实录。这本《传记》固然是以派克一生的经历为主线，但从这个主线上也写出美国社会学怎样通过派克的一生的具体思想、活动而得到发展的这一段经过。这段经过不仅显示了美国在这一段时间里的社会变迁怎样影响派克这个人的思想和活动，还显示了这个人的思想和活动又怎样构成了美国社会变迁的一部分。社会变迁在个人身上的反映和个人对社会变迁所起的作用，这是双向性的，相互影响的。个人和社会合而为一，也就是派克这个人和美国社会学的结合。因之，对我这个想要温习派克社会学的人这是一本最切题的参考书。这本书在我的书架上沉睡了近20年后，这次补课才开始使Hughes先生的盛情进入了我的学术生命，切入我的头脑，不能不使我觉得像是一份天赐的助力。

派克老师出生于1864年，卒于1944年，享年80岁。他是欧洲移民之后，祖先姓Parke，于1630年来自英国Wetherfield，像很多英国来的移民那样，首先在美洲西岸的新英伦落脚。在其后的100多年内不知哪一代把姓尾e字给丢掉成为Park。他的父亲Hiram Park原住美国中部Pennsylvania州，南北战争中他参了军，在北方部队里当一名尉级军官，1863年退伍结婚。翌年Robert Park出生于美国中部Pennsylvania州的Luzerne乡的外婆家里。这时他父母的家是定居在Minnesota州的Red Wing，一个位于密西西比河上的由新英伦来的移民于1850年建立的小镇上。这个小镇后来聚集了许多从北欧的瑞典和挪威来的移民，成为这一片大草原上的一个粮食集散中心。他父亲在这个镇上开了一个小杂货店。

这时美国中部还处于开发初期，教育没有普及，Red Wing镇上在1874年才开办小学，所以派克入学时已经10岁了。他的早年生活有点像马克·吐温笔下所描写的密西西比河上的流浪儿。他是在北欧移民的儿童中长大的。

《传记》这段叙述中说明派克的童年是在美国建国初期，南北刚刚统一，欧洲产业革命主要影响还限于美洲东海岸诸州，而正在逐步向中部拓张，抵达密西西比河流域。看来派克早年还是在以农业经济为基础的乡土社会里长大的，所以他一生的80年正是美国工业化和城市化由东向西开拓的这一个经济文化发展时期，也是这片美洲大陆由地方性的区域向全球化发展的开创阶段。

派克1880年小学毕业，成绩不佳，在有13个学生的班级上名列第10名。他父亲很失望，认为这个孩子不堪造就，所以不准备让他升学。但是好胜倔强的性格使他愤而离家，靠自己的劳动自食其力，于1882年进入了Minnesota大学。过了一年他父亲才回心转意，支持他进Michigan大学。在Michigan大学里他除了学习古代和当时流行的欧洲语文外，哲学是他所选读的主科。他醉心于歌德的《浮士德》。大学二年级时在老师中见到了我在上节里提到的当时在美国已很出名的杜威博士。这位老师使他改变了一生的志趣，从想当工程师转变到了要成为能理解人们思想和行为的学者。就在他大学毕业的那年，杜威发表了四篇有名的心理学文章，后集成一书。这本书引导派克在11年后进哈佛大学时决心从事研究社会心理学。但是他曾说过，他从杜威这个老师学的不仅是那门学科的知识，而是对知识的追求和对未知的探索精神。他和杜威的性格有相似之处，他们都是人类知识领域里的探险家。

1887年派克老师毕业于密歇根大学，时年23岁，《传记》的作者列举了他当年突出的才能：广阔和耐久的记忆力、通顺和流畅的写作力；而且在工作上他表现出耐苦和坚持的性格，在待人处世上他显得易于接近人和善于理解人，特别是有洞察人情世故的兴趣。这些是他从早期家庭和学校中培养出来的高人一等的特点，为他走上当时新兴的美国社会学的路子做好了最初的准备。

人生道路的选择

按当时美国社会的习俗，一个人到了大学毕业就该成家立业了，就是要在人生道路上作出一个选择，进入一个职业。如果派克如普通人一般跟着父母走，他父亲开着一个杂货店，可以参与经商，或是像他已经去世的母亲那样，到当地学校里去教书，当个教员。他对这两条路都不感兴趣。因为他在大学里受了老师杜威的影响，认为一生最有意思的事业是不抱任何实用的目的去观察和理解这个世界，特别是生活在这个世界上的人。他最企慕的是像歌德所写的浮士德那样能阅尽人间哀乐。他抱着这种志愿在Minneapolis的报馆里找到一个记者的职位。他认为通过采访新闻就可以接触到社会上各种各样的人物，对各种人物的不同生活进行观察和理解。

这时正当19世纪的80年代的后期，美国中部各州经济正处在急速发展中，工业的兴起带来了城市化。各州都产生了作为地方经济发展中心的中等城市。十几万或几十万人口的城市里都有它的地方报纸。派克从1887年23岁起，一直在这些地方报馆里工作，从Minneapolis、Detroit到Denver当了四年的记者。到1891年他才以记者身份进入美国当时最大的城市——纽约。他后来曾回忆起当初进入这大都会时的印象，怎样被人如潮涌的百老汇大道和Brooklyn渡口的那种巨大人群的集体力量所倾倒，甚至可以说着了迷。

派克在他年华正茂的时刻，挑选了新闻记者这个职业，这个职业把派克这个思想领域里的探险家送进了五光十色的城市。派克这段身世正好为我们一向所说的

“时势造英雄、英雄造时势”这个辩证的命题提供了一个具体的例子。从时势这一头说，美国这个社会经过100多年的历史，在19世纪80年代已经到了羽毛渐丰，正要展翅起飞的时刻。成为经济中心的大小城市，在这片曾一度被称为新大陆的土地上，一点一点地兴起。从世界四面八方移入的人群怎样适应这个时代聚居在一地的要求，互相合作来创造一个新的繁荣局面，正需要一个自觉的意识和自主的行动方向。这个时势呼唤着从西方文明酝酿已久接近成熟的科学思想中产生一门社会学。可是要使这种知识能成为一门科学，还需要一批人才用系统的思想来表述。这种历史的需要形成了一股看不见的力量，就是所谓时势。在事后看来，这种时势似有意识地正在无数待位生中挑选名角。从这个角度去看派克之成为“一个社会学家”似乎是时势所塑造的。把这段实际史实的经过写出来不就成为“一个社会学家”的自然史了么？

时势造英雄是“事后诸葛亮”的立论。在实际历史过程中，时势包含着无数既独立又综合的因素，现在还不是人力所能分析和计算的客观存在。所以一般还只能用“看不见的手”、“天意”或“鸿蒙”等话语来表述。在“英雄”本身，在很大程度上还是不自觉的，因而这种还是不很自觉的主观心理活动至多只能用“志向”、“意愿”、“兴趣”、“倾向”等不很明确的概念来表达。

以上所说的时势和英雄的合一其实也就是个人和社会的合一，或是主观和客观的合一，也可能就是传统所谓天人合一。只说“合一”还是太笼统了些。合一的过程值得分析一下。以派克做实例，他之成为一个社会学家固然可以说是符合时代的要求，但是他之所以符合这要求而入选，则有他个人的主观因素。以他好动和不甘心走老路的性格来说，可以认为是他早年作为一个“密西西比河上的顽童”的生活所养成的。这段生活又是和他父母们定居、择业和给他幼年的教育有关。而且如果他长大了不转学到密歇根大学去念哲学，他不一定能受到杜威的影响和浮士德的启发，他就不一定会拒绝在家乡学校被聘为教师，而选择记者这个职业。人生每一个环节都受到个人经历的诱导和制约。从每个环节上看，主客双方的因素都在起作用，一方面可说都存在着机遇，另一方面看又似乎都是定命的。所谓机遇又可以看成是客观的安排，所谓定命也未始不是自作自为地自投网罗的个人行为。如果我们对每个人每个活动进行深入的观察和分析，就不难看到这些无一不是综合复杂的混合体。从主观上说，派克之成为一个社会学家就是因为他有一个观察和分析思想领域的探索精神。

派克固然是选择了当记者这个职业，但是他却并不甘心做个当时社会所常见的记者，或是说做一个为当时报馆所要求那样循规蹈矩的记者，按照编辑的要求提供采访的报道。编辑当然要按读者的胃口来编排每天发排的新闻稿，如果所发的稿子不合当时读者的口味，就会影响这个报纸的销路。报馆、报纸的发行、编辑和记者都不过是当时现实社会的一部分，这个变动不定的现实社会无时无刻不制约着这个社会的构成，和决定这个社会变动的每一个部分和每一个环节。

派克成为一个记者，有他适合于当时成为一个记者的主客观条件，但也存在着不适合于当时做记者的主客观条件。他在做记者之前所受到的社会培养中，有着一部分思想意识和当时社会上规定记者这个角色的职务有不相符合之处。在这个错位上，使派克产生了不甘心循规蹈矩地当个一般记者的心情。而且这个错位是逐渐生长的，也逐渐显露的。这个错位表现在各人对报纸和新闻应有社会作用的看法上，因而在应当怎样当好记者这个问题上开始磨难派克了。

作为一个职业的记者，他的任务是为报纸的读者提供他们所喜闻乐见的社会新闻。派克却想利用他作为一个记者，可以接触到社会上各种人物的优越地位和条件去观察这些人所表现的各种思想、情感和行为，从而看出所谓人生究竟是怎么一回事。这两种要求是可以统一的，但统一的基础和层次却可以大有区别，因为报纸的读者群众也要从报纸上看到人生是怎样一回事。记者和读者对要看到的人生可以是一致的，但是两者的兴趣和关注如果不在一个水平上，那就出问题了。派克之所以不甘心做一个为职业而工作的记者的原因，就出在这里。

让我举出《传记》中提到的一件事做说明。当他在Detroit当记者时，报纸的编辑要他去采访一个因酗酒而犯罪的妇女，他在采访中对这个妇女怎么会酗酒这件事本身发生了兴趣。他觉得这个犯罪的妇女之所以酗酒是受到她所处社会的影响。因之他提出这个妇女并不是犯罪，而是受害于一种有类于传染病的酗酒的社会恶习。他从这个角度写出来的报道，重点就不在于读者所感兴趣的犯罪经过，而是在分析一般读者群众的水平还不够理解的犯罪的社会原因。记者和读者之间就这样发生了错位。这种错位的发生实在是处于对新闻本身社会功用的看法上的区别。在我看来，在采访酗酒妇女这件事上正暴露了派克作为一个记者已在敲打社会学这门科学的门了。

正在派克探索新闻和报纸的社会作用时，1896年有一次途经Detroit，听说他原来的老师杜威在Ann Arbor正在打算办一种新式的报纸。他就找到杜威门上，两人见面之后，杜威介绍他认识一位名叫Franklin Ford的记者。这三个人的会晤在派克的一生里打上了一个重要的印记。Ford先生是个有哲学头脑的超时代的人物。他作为一个记者长期泡在纽约经济中心的华尔街上，从市场和信息之间的密切关系上他产生了一种深刻的感觉，认为正确的消息就是对历史进程的正确报道，它会对社会的发展发生推动的作用，使社会向更好更高的阶段上前进。他称这种从社会表面活动的现象里暴露出它本质的“消息”就是他所谓传达社会发展长期趋势的“Big News”（大新闻）。杜威和派克对这种看法深为赞赏，并支持他刊行一份称做《思想信息》的报刊，他们打算用此培养超级记者（super reporter），在思想界里起着沟通的作用。杜威为此写信给当时美国的哲学泰斗William James说这是个创举，可以解决智力和现实怎样沟通的问题，甚至已提到了知识转化为生产力、真理成为财富的前景。过了几乎一个世纪重新读杜威的这封信，不能不认为这是一种对当前“知识经济”的超前预言。派克着手编辑的《思想信息》没有出台，他还为这事赔了美金15元。杜威说这个计划没有实现不是没有能力，而限于财力和时间尚未成熟。派克说Ford不是19世纪而是20世纪的人物。这句评语现在应当认为一语中的。

他们策划的其实就是要为科学的社会学开辟道路。因为Ford所指的“大新闻”要把潜伏在表面现象下的社会过程暴露出来，不就是呼唤成为一门科学的社会学么？派克后来总是说在三人会晤中杜威向他提出了一个对报纸和新闻进行科学研究的课题，而这个课题引导他后来走入社会学这门科学。

留学欧洲

我在上面《派克来华》一节里提到派克在给我们上第一堂课时说他不是要教我们怎样读书，而是要教我们怎样写书。他这句话震动了我们这辈年轻学生，而且实际上起了重大的影响。但是我在这里必须补上一笔，这句话至少对我来讲也有副作用，当时就产生了轻视读书的错误偏见，以致我一生没有好好地认真读书。其实要写书必先读书，但不能只靠读书来写书，还得去观察和分析实际。唯书论是错误的，但轻视书本也不能使人成为学者。派克在芝加哥大学里对学生的要求，首先是读通前人有关的著作，有了理论基础才能睁得开眼睛去看世界和人生，看得出其中的意义，才能有所理解。这种实际和理论两手抓的为学方法，也许是派克本人在实际生活中体会出来的，也是他在自己生活中总结出来的道理。

1887年他从密歇根大学毕业后，当了11年记者，1898年，已经34岁。他抛弃了记者生活，重又进哈佛大学里去念书了。他说自己当时是个思想领域里的流浪者（Vagabond）。从派克成为一个社会学家的过程中，他从学校生活里出来离开书斋，作为新闻记者投身到社会上人们的实际生活中去观察和体验有11年，最后他发现当时新闻记者的职业没有能够满足他要探索世界和人生的要求，于是又从接触社会实际中重又抽身出来回返书斋。这次他挑选了美国东部的哈佛大学。

当时的哈佛大学正是它的黄金时期，被称为Gold Yard Period，在哲学一门内就拥有当时的三位大师，William James、Josiah Royce和George Santayana。但这三个知名的哲学家并没有把派克留住在哲学这个领域里，相反地他对形而上学发生了很大的反感，他坚持意念不能代替实在，认为他要选择的道路是科学而不是哲学。他希望哈佛大学里所讲的社会心理学能解答他有关群众行为和人在社会里怎样互相理解的过程的问题。他失望了。他说当时哈佛还没有社会心理学这门学科，只有一批对社会心理学发生兴趣的学生，他就是其中之一。1899年他拂袖而去。他带了他全家，包括他的爱人和孩子直奔德国柏林Friederich-Wilhelm大学。

看来19世纪结束之际，美国学术还处在欧洲的羽翼之下。到欧洲去留学是美国当时的风气。社会学在美国还没有成为一门学科。美国各大学里还没开过这门功课。后来成为一个社会学家的派克第一堂社会学的课是1900年春天在上述德国大学里听Georg Simmel讲的。这是他一生中惟一在教室里所学到的社会学课程。给他的印象很深，几年之后，他还赞赏Simmel是“最伟大的社会学家”。

派克在柏林发现了一本书和一个人，使他改变了学习计划。“一本书”是Kistiakowski的《社会和人》，“一个人”是上述这本书的著者的老师，当时在德国Strassburg和Heidelberg大学当教授的Windelband。1902年起派克在这位老师的指导下用了两年工夫写了一篇题为*Crowd and Public*的论文。这篇论文奠定了派克社会学的基础。

*Crowd and Public*这篇论文最初是用德文在1903年写成，翌年在瑞士出版的。后来，1972年才译为英文由芝加哥大学出版社编在《派克论文集》里出版。编者在导言里称它做“思想瑰宝”，另一篇导言中说：“这可能是对群众行为功能解释的最初尝试。过去这种群众运动的现象总是看做是对文明秩序和较高文化的威胁，最好也只认为是人类活动的一种腐败的形式。这本著作却认为这是社会在进行制度更新时刻必须经历的那种流动

性和原始性的状态。”

这篇论文的题目一般可译为“群众和公众”。这篇论文是派克进入社会学这个学术领域的入门之作，可以说他从社会学的最根本处破门而入的，曾引起了我一段思考，不妨在此一提。

社会究竟是什么东西？这是个基本问题。严复用“群学”来译英文的sociology时，我猜想他可能想到我们常说的聚众成群这句话，聚众成群就是若干人聚集在一起形成了一个群。这个群就指社会，英文即society。我认为这种看法是把聚众的众看做是社会的基本形态。但是我进一步觉得群和社会似乎不能等同起来，因为聚集在一起的众人一定要共同干一件事才能说是一个社会，称得上成为一个我们常见的团体。社会团体是在人群上要加上一些东西才够格。加上什么东西呢？Durkheim指出的就是这些聚在一起的人们之间一定要有一个分工合作的关系。分散的个人之间还要有一个共同的东西把他们捏成一团。社会就是联结一个个分散的个人使他们成为一体的力量。无生物加上生命构成了生物体，人基本上是个生物体。作为生物体的人，聚成一群再加上分工合作的关系就成了个社会体。分工合作关系具体表现在我们可以观察到这群人的行为和心理活动。

从生物体演变成社会体，也可以说是从聚众而成的群，上升为社会层面上有组织的团体这个过程。这样说来严复把sociology译做“群学”似乎缺了群之所以成为社会的这一个环节。但是中国语文中有没有一个现存的词来表述这个环节呢？我学力不足，至今还没有找到，留着今后再说。

说到这里不妨回头看看，这篇文章在派克社会学形成中的地位。也许可以说这正是他的社会学的出发点，表示他想从人的心理基础上去探索人类怎样从生物层演化到社会层的关键。他抓住这个聚众成群的crowd，即群众这个实体，开始观察社会现象的原始或基本的形态。这种形态正是一个从人群到社会的发生过程中的一个蜕化环节，在这初生阶段中人群所有的相互行为和共同心理状态，对社会的形成起着促进的作用。我在这里不能更进一步发挥派克在这方面对“群众”的理论了。我在札记里说以上这段话，只是我个人的体会，是否系派克的原意那就难说了，因为至今我还没有机会读到他的这篇论文的原文。

派克对聚众成群这个社会原始形态的兴趣很早在听杜威讲心理学时已经埋下了底子。后来在1898年从事记者生活时，遇到了一位朋友，介绍他读一些当时很吸引年轻人的欧洲作家，如Scipio Sighele、Gustave Le Bon和Pasquale Rossi等有关法国大革命的著作。欧洲的群众运动引起了派克的研究兴趣，他认为这种群众运动一直可推溯到早期的十字军东征，在欧洲社会发展中起过推动作用，为历史上推陈出新的过程准备好了群众心理基础。群众心理的研究为他后来的社会学中“集体行为”这一部分做了初步探索。所以我们可以说派克社会学的根子有一部分是从欧洲传统的社会学的泥土里长出来的。

派克从美国的哈佛转去德国留学，不仅在理论上使他进一步接上欧洲的学术传统，而且在他留学期间，他还从美国新兴城市的深入观察和体验，转到初步接触和观察欧洲大陆的农民生活。这一方面对派克社会学的形成也起了很重要的作用。

派克在Strassburg大学时除了跟Windelband学习哲学和社会科学外，还从G. F. Knapp学习政治经济学和欧洲历史。他回忆这段生活时说他认为Knapp是一个难得的好教师，从他学习了欧洲的历史，特别是德国的农业。他承认这位老师使他初步懂得德意志的农民生活。派克的女儿Margaret回忆她的父亲在德国的这段生活时也说，她爸爸从大学里学习了关于德意志农民的生活。后来又带了她到德国的黑森地区（Black Forest）去旅行，“我们对这片森林十分熟悉，我们踏遍了这个地区。住在乡间的小旅馆里，第一手接触到了德意志的农民”。我在这一节札记里特别在结束处加上这小段，因为派克对欧洲农民生活的初步接触可说是他下一段深入社会基层观察的引导。

深入社会基层

我在上一节札记结束时说，派克留学德国时，听到了Knapp教授对欧洲农民生活的讲解，后来又访问了黑森地区。我认为这是他从城市走向农村的开始，导向他深入社会基层，他接着接触、体验和观察社会基层的生活实际又可以分为两段，第一段是进入美国南部的黑人区域，第二段是再访欧洲视察农民和劳工。从1903年留学回来到1913年进芝加哥大学一共是10年。那时他已到了49岁。应当可以说这是他成为一个社会学家的最后一段准备时期。

1903年派克离开柏林回到美国的哈佛大学，在哲学系当助教，继续整理他关于群众与公众的论文。但是他发现哈佛哲学系的气氛和他离开时没有太大的变化，与他当时对集体心理的理解更格格难融，因之很苦闷，看来这个思想领域里的流浪者似乎还是没有着地落户。他曾一度打算再回到新闻界去找出路。但是正在徘徊中，遇到了一个没有预料到的机会，把他吸引到美国南部的黑人群众中去，一呆就是近10个年头。

真是无巧不成书。他在哈佛当助教时住在波士顿附近的Quincy区。这个地方，这个时候正爆发反对刚果虐待黑人的运动，这个运动引起了派克的兴趣，他和一位牧师一起发起成立一个这个地区的群众性的刚果改良协会，并当了这个协会的公关干事，后来成为这个组织的主要秘书，逐步地使他和美国的黑人接近了。

说一说刚果虐待黑人和成立刚果改良协会的由来。刚果原是比利时占领的一块非洲殖民地。1884年欧洲列强的柏林会议上决定在这块殖民地上划出一块土地归列强共同监护称国际共管的自由地。但直接行使管理权的还是比利时国王，他按着老办法对付当地的黑人居民。这套办法包括酷刑和残杀，在当时欧洲人看来是横暴的虐待。1904年和1906年有一批传教士两次向比王提出呼吁，并向社会公众揭发了这些暴行，控诉“自由地上没有自由”。激起了美国在内的反暴运动，派克被卷入了这个运动。在这两年里他查阅有关介绍非洲黑人的历史和生活的著作。他开始写文章和开会声讨痛击刚果的殖民势力。

派克并不是个社会改良主义者，他一向反对那种假惺惺做“好事”的社会慈善事业。他反对刚果的虐待黑人，因为在他看来，这不仅是一种种族歧视，而且是白人的侵略行为。他认为这是欧洲人侵入其他大陆企图掠夺资源和剥削当地劳动力而出现的一般结果。他虽则在刚果改良协会工作，但对“改良”并无信心，而认为解决正受磨难的非洲土人的问题，应当根本上从教育入手。他听说在南非的Lovedale有一个工业学校，他写信给当时美国的一个黑人领袖卜干·华盛顿（Booker T. Washington，当时他是美国全国刚果改良协会的副会长和有名的脱斯开奇Tuskegee师范和工业学院的院长），表示他愿意去Lovedale实地参观这个非洲的黑人学校。这位黑人领袖的答复是请派克去非洲前先到Alabama州的脱斯开奇（Tuskegee）看看他为美国黑人办的工业学校。派克接受了这个邀请，两人会晤后从此结成了亲密的合作伙伴，有7年之久，一起为争取黑人的解放奔走、呼吁。这位黑人领袖提供派克接触各地美国黑人和参加各种有关黑人问题的会议的机会，打开了派克观察和研究黑人生活的大门。但是这位黑人领袖对非洲的黑人并无兴趣，关心的只是美国的黑人和他所办的黑人学校。因之派克和他的友谊固然给他深入美国社会这个基层的最有利的机会，但是也因之使他打消了去非洲实地调查的计划。换一句话说，把派克从成为一个人类学家的可能性上拉到成为一个社会学家的路上。

1905年派克接受脱斯开奇黑人学院秘书的职位来到美国南方。1942年他在一次演讲里，回忆初到脱斯开奇学校时的情况说：

在见到卜干·华盛顿之前，我除了书本知识外对黑人和美国南方一无所知。我就是这样到脱斯开奇来的。我到了这黑人地区后有充分时间可以阅读所有地方报纸，跟我所见到的黑人进行谈话，像是一个探险者进入了一块新的待开发的土地。我当时开始觉察到当时的黑人和白人分别生活在两个不同的世界里。这两个世界是互相接上的，但是从来并不相沟通。正如卜干·华盛顿所说的有如一个手掌分成不同的手指。我在南方各地旅行一直到达New Orlens，碰到种种新鲜动人的事，但是给我最深刻的印象是黑人生活底子里存在着一种不安全的悲惨感觉。

派克在脱斯开奇这个黑人学校里的任务是为筹款办学编写各种宣传材料，同时他开始进行研究工作，题目是“美国南方的黑人”。我们记得派克是在美国南北战争时出生的。南北战争结束了美国南方各地实行的奴隶制度，这是美国历史上的一件大事。

到19世纪中叶，美国南方奴隶制度是消灭了，但是被解放的黑人和他们的家属还是生活在南方各地，这些就是“美国南方的黑人”。他们有着奴隶时期养成的生活方式，和当地的白人不同，而且在美国，黑人和白人之间存在的历史所余留下来的社会隔阂一直没有消失过，这就是美国种族问题重要的根源之一，直到目前已经过了一个半世纪了，这个种族之间的隔阂问题，还不能说已经解决。派克这一代出生于北方的美国人，到了中年在美国南方旅行时还是被当时所见到的黑人社会引起深刻的好奇和难于理解的感觉，可见奴隶制的社会烙印不是短时期里可以消退的。为了减少美国人民中种族之间，即使范围更缩小一层说黑白之间的隔阂，一个半世纪以来，各种形式的黑人的解放运动可以说一直没有间断过，直到目前还是要理解美国和美国人的一个不能忽略的重要方面。这对于关心社会问题的派克这一代人更是如此。派克回忆这段经历时说，他初到美国南方时，参与脱斯开奇黑人学校的工作时，他对于美国的黑人除了书本和报纸知识之外实在是不很了解。他一生感激卜干·华盛顿这位黑人领袖给他启开和引进的这个巨大社会研究的领域，使他受用了一生。他说他甚至曾经愿意变成一个黑人，想从切身的体验中亲尝人类社会文化发展这个自始至今的历程。他说他从欧洲回来后又觉得自己变成了一个学生，他要参与一种用超脱的眼光，更概括地、综合地从社会学角度去看南方的黑人这个重大的问题。意思是说，他要对这个问题，摆脱当时流行的见解，而从南方黑人自身跟白人相处的生活经历中所长成的那种微妙而切身的体会中去理解人和社会的从最原始的到最文明的发展过程。他又说美国的黑人是一个丰富、独特的社会学实验室。现在重新体会派克当时激动的表述，可以理解这是派克进入社会学这个领域过程中有点像是通过人类学家常喜欢描述的“成年礼”的味道。

派克是在1905年，靠近40岁时，结识卜干·华盛顿这位黑人领袖的。这两人密切合作了7年，1905到1912年。期间除了自己署名的在各种报纸和刊物上发表的许多文章外，两人合作编写了许多有名的有关黑人问题的论著，重要的如 *The Story of the Negro*（《黑人的故事》1909）、*My Larger Education*（《我的较宽大的教育》1911）、*The Man Fathest Down*（《每况愈下的人类》1912），只有最后一本他们两人偕同访欧回来后写成的书，才用两人的名字联合署名发表的，其他大多是由卜干·华盛顿一人具名，而实际动笔甚至构思的都是派克。派克乐于成人之名，因为卜干是当时著名的黑人领袖，而且矢志为黑人运动贡献一生的人，最后还是被一个白人狙击打中脑袋得病而亡。派克受卜干的事业心所感动，愿意出力帮助他，使他的名声上升，便于吸引对黑人教育的支助。同时，派克是个厚道的人，他真心地感激这位黑人领袖给他在学术生命上的支持。两人间道义上的有来有往，可以看到他们两人高层次的友谊和高贵的精神。

在这两个人的合作事业中，1910年结伴访欧是一件突出的事件。对卜干来说是为美国黑人运动和欧洲的劳工运动取得联系的一个试探。美国黑人在当时还在刚刚摆脱奴隶制的初期，种族歧视正在折磨这些被压迫的人们。而工业革命后的欧洲大陆上阶级分化已成为日益严重的社会问题，人数众多的农民在这新时代里变成了受严重剥削的劳工。美洲的黑人和欧洲的劳工，瞩望这两大力量的汇合，显示了时代的先进意愿。对派克来说，重访欧洲是他兼顾城乡两端探索人类社会发展关键的进一步行动。他在留学欧洲时，曾初次接触到了德意志的农民，他在美国的新兴城市里遇到过许多漂洋过海移入新大陆的欧洲农民和他们的后裔。他急于想了解那些在欧洲农村里已呆不住但又没有条件远走他乡的大批被城市里新兴工业所吸收成为城市劳工的人们的生活环境。卜干和派克各怀热情相偕来到欧洲，一起旅行了六个星期，从伦敦到东欧的沙俄边界，横跨七八个国家。完成了上述的那本有时代意义的著作——《每况愈下的人类》。

派克回国后说，真是没有预料到，在这样短的时间里，能得到这样多的新知识，真是大开了眼界，丰富了思路，这段经历是值得珍惜的。他不仅注意到两个大陆的社会基层有其相似的一面，而且也注意到两方的区别。欧洲的劳工固然是欧洲社会的基层，但和其上层是从同一社会里分化出来的，在基本文化上是出于一个共同的来源，而美国的黑人却是在非洲另一种文化里被劫掠出来的，到了美洲又被置于和从欧洲移进的白人不同的社会地位里。上下两层没有共同的文化共识，又没有相同的社会地位，生活上互相隔绝，在两个世界里生活。这种不同的历史和文化背景使美国南方的黑人具有它社会学上的特色。

如果没有这些年和南方黑人的共同生活和对他们生活有深刻体验和分析，如果没有重访欧陆的机会，派克的社会学也不容易用比较方法进行深入的探索和思考。在派克进入芝加哥大学从事建立他的社会学理论之前有这六个星期偕同一位黑人领袖一起访问欧陆，使他有机会能接触到第一次世界大战前欧洲正在兴起的劳工群众和他们的领袖，确实在派克成为一个社会学的开创者的准备时期予以最后的加工和润色。

一段插话

如我在这篇《补课札记》一开始就说的，我的补课决心是去年（1998年）6月份就下定了的。话犹在耳，匆匆已过了半个年头。在这半年里只写了六节札记。我是11月8日离京南下的，去香港和广州附近各市继续我的“行行重行行”，直到年底才回北京，在京九路车厢里过了去年的圣诞节。到家次日，清晨6时，不知怎地我在深睡中从床上会翻身落地，跌伤了颈背。真是又一次祸从天上来，为此我不得不休息一时。这样过了一个新年。我也实在想不到现在还能继续写这补课札记，也可说是出于意料之事。我就在这心情中重理旧业。

开始写这些札记时，我心里有个打算。既要温习派克社会学，先得从明白派克老师是怎样成为一个社会学家开始。那就必须从老师的生平入手了。为此我找出Raushenbush的《派克传》，从这本书里摘录出有关这个老师学术生涯的事迹。从他1864年2月出生起到1913年秋季进入芝加哥大学社会学系为止，一共49年，作为他进入社会学这个领域的准备时期，因为在这段时期里他还没有被公认是个社会学的学者。派克老师一共活了80年，他花了超过一半的生命才长成一个后来领我们走入这个学术领域的引路人。

我回头重读一遍上面三节就是我从他前半生的49年里摘下有关他成为社会学家的早年经历。传记的作者把这一部传记称为“in pursuit of the unknown end”，直译是“对一个未知目标的探索”，因为派克老师在这位作者的眼里一直是一位思想领域里的探险者。但是说这位探险者到了中年对他要探索的对象还是一个“未知的目标”似乎有一点言过其实。因为这位作者在写到派克老师在大学里时曾着重提到两件事，一是他师从杜威博士，二是他喜欢读歌德的《浮士德》。这两件事加在一起就可以明白他在大学里读书时，心中已有了个要追求的对象了，有了这个对象才使他拒绝走他父母所走过的现成道路，成为一个一生不甘心为稻粮谋的人。可见他当时已决心冲进思想领域里遵循杜威博士的实证主义方法用平白的语言来表达歌德诗剧里的浮士德所经历的那个哀乐无常、悲欢交织的人生。他要求自己能理解这个世界上在芸芸众生里生活的人们，懂得他们为什么这样行动和具有怎样感受。

重读札记里的派克老师前半生使我想起了王国维有名的学术道上的三个境界。为了探索这个“浮士德”，他进入了一个苍茫寥廓的精神领域，真是“独上高楼，望尽天涯路”。作为一个新闻记者用11年的生命往来于当时美国新兴的五大城市里，跑遍了大街小巷，自己承认当时没有多少人能像他一样在城市里泡得这样久，接触到这样多各色各样的人物。他一度在一个酗酒的女犯身上看到了他所追求的影子，就是那样像瘟疫一样防不胜防的社会感染力。他在记者的岗位上真是消得够憔悴了，最后他还是在他老师杜威的引导下和一位名叫Ford的超前记者，一起策划一份当时还不能为市民接受的《思想信息》而接近了“蓦然回首”的时刻。但是时辰还是未到。他还要再花7年自愿下放到美国南方去体验解放未久的黑人生活。这样他才在“灯火阑珊处”找到了“那人”。“那人”的面纱揭掉就是他后来特地用“科学”两字来强调的“社会学”science of sociology——这一门坚持杜威的实证主义去研究人在集体中怎样生活的学科。在我看来这不就是歌德用诗剧形式来表述的浮士德么？

我正想续写这份补课札记时，收到《万象》的创刊号。一看，我这篇札记的第一节已经在这本杂志里刊出。这就产生了一个相当尴尬的问题，札记看来还得写下去，但是在床上翻身跌了这一跤，不能不想到“八十不留宿”的老话。这句老话是说人到了这年纪，一夜之间会发生什么事谁都难以预料了。也就是警告过了这年纪的人不要随意同别人预约什么事了。《万象》的编者发表我这篇札记看来是有意要作为连续稿继续发表下去的，如果我没有写完这份札记就向读者拜起手来，那就不免说不过去了。所以让我在这节“插话”中附带声明一下，表个态，打个招呼：补课还要坚持，札记只有做到力所能及，什么时候会向《万象》读者说拜拜，现在看来，只有天知道了。

如果我还能如愿地写下去，接下去应当是派克老师的后半生，作为一个“社会学家”出现在国际学术界了。他的后半生一共是30年。他在这30年里不但名副其实地做到了一个社会学家，而且还在社会学界留下了一个比他寿命还长的芝加哥学派。我打算写完派克老师的一生之后，还能讲一段有关芝加哥学派的话。如果那时我能不向《万象》读者说声拜拜的话，还希望接下去讲一点派克老师对中国社会学的影响，这样就把这次补课一直能接上我自己当前的工作了。

打算是打算，希望是希望，能否落实，瞧着看吧。

芝加哥大学及其社会学系

派克老师之成为知名的社会学家和美国的芝加哥大学是分不开的，因之要讲他后半生的经历，不能不说几句关于芝加哥大学的话。

历史事实是1891年芝加哥大学成立在前，下一年这个大学就设立了在美国的第一个社会学系，而派克是1913年才进入这个系的，迟于创校立系之后有十多年。在这段时间里，他还是协助黑人领袖卜干·华盛顿在脱斯开奇黑人学院里工作，和在美国南方各地熟悉黑人的生活。正如我在上一节里所说的在这段时间里他还是个思想领域里的探险者，尚未把社会学这门科学作为他安身立命的场所。

把人们的社会生活作为思想领域里的探索对象那是由来已久，甚至可以说有了能思索的人类以来，这个人生之谜就会引起人们对它的思考和探索。但把这种探索引进科学的范围，一般都认为是应归功于法国的孔德（A. Comte）。这个公认的社会学的祖师爷，在1838年写他的《实证哲学论》时，在第四卷定下了这门用现代科学方法去探索人类的社会现象的学科。派克那时还未出世，美国也独立未久还在建国初期，大多数从欧洲来的移民和他的后裔们正在向西部拓殖的道路上。欧洲的学术潮流还刚开始渗入美国。派克进入大学念书时，美国的大学里还没有社会学这门课程，他也没有听说有这门称为社会学的学科，他第一堂社会学课是1900年在德国柏林的Friederich-Wilhelm大学里上的，老师是G. Simmel，后来他还记得这位老师，而且推崇他是“最伟大的社会学家”。接着其后两年，他在德国的

Strassburg大学里跟Windelband写他的第一篇社会学论文《群众和公众》时，这位导师却是以哲学教授的名义指导他的。这说明了当时即在欧洲社会学作为一门独立的学科，还没有取得巩固的地位。这个背景可以帮助我们理解，为什么派克直到他进入了芝加哥大学社会学系才明确他探索了半生的对象，原来就是在欧洲70多年前已经有人定名为社会学的这门科学。

芝加哥大学是美国各大学中最先设立社会学系的大学。这也并不是偶然的。芝加哥这个城市和芝加哥这个大学在当时美国都是站在发展的前沿，而且以革新的旗子来标榜自己的。正是这股社会上强大的新兴力量唤来这门在美国还是新兴的学科，造就了派克这个新型的学者。

芝加哥至今是美国有名的大城市，位于美国北部密歇根湖的南端，密西西比河经此南流入海，历来是美国中部水上交通的门户。19世纪下半叶，派克出生时，沟通美国大陆东西部的铁路已经建成，原是美国向西拓殖的中转站的芝加哥以其占有铁路中心的优势，人口大增。20世纪开始时，已拥有百万以上的居民。美国的工业化和城市化两股潮流把芝加哥带到当时社会发展的前沿。1893年以发现美洲新大陆400周年的名义在芝加哥举行的世界博览会标志了美国经济的成熟，问鼎世界的开始。正当这个时期派克完成了他的大学教育，选择新闻记者的岗位，投身到美国当时新兴城市里去开始他思想领域里的探险了。

芝加哥大学是1891年成立的，赶在世界博览会的前夕。当时就以创建“第一流大学”自负。它是巨富洛克菲勒和当时的教育改革家哈珀（W. R. Harper）合作的杰出成果。这两人的结合正表明了美国的素质在物质上和精神上已从初级阶段上升到了成熟的阶段。洛克菲勒就是世界闻名的石油大王，是美国资本主义经济培养出来的一门财阀世家。从19世纪70年代开始办美孚石油公司起家，传了几代人至今已有100多年，还未见衰落。在上个世纪80年代初已经形成一个大托拉斯，也是资本主义垄断企业的嚆矢。90年代初垄断企业引起过社会上的抵制，在美国各州一度纷纷采取反垄断立法。正当这个时候，这个巨富开始以慈善家面貌出现于世，成立了有名的洛氏基金，他把一部分资金无偿地投入教育等社会福利事业。说得好听一些是“富而好施”，实质上是一种新的投资取向。我们在这里要说的，正是这时芝加哥大学取得了洛氏的资助得以建成。老洛克菲勒生前给该校的捐款有8000多万美元。没有这笔钱，芝加哥大学是办不起来的，即使办了起来也不会是这个样子的。当时富于改革精神的哈珀主张通才教育，不满于当时美国各大学一味照抄欧洲的传统模式办学。当他在耶鲁大学教希伯来文时认识了老洛克菲勒，他们都是基督教浸礼会的教徒。起初洛氏是想请他开展道德教育，所以支持他当新办的芝加哥大学校长。

哈珀得到了教育改革的机会，接任校长后第一个改革措施就一鸣惊动了美国教育界和知识界。他宣布芝大教员的工资按其他大学的惯例增加一倍，因为他相信大学是依靠教授来办的，高价可以请得到高才。他这一着棋下得妙，使他能从美国各地聘请到当时学术界的尖子。当然如果他没有洛克菲勒在财力上的支持，他这办学方针是实现不了的。没有哈氏的眼光和气魄，只有洛氏的钱财，芝加哥大学也办不成第一流大学。正是这两人的结合，也就是物质或实力和精神或理想的结合促成了这个大学的创立。有了个教育的班子，哈珀接着在学制上进行了革新，比如把一年分为四个学季，教师可以有一个季度由自己支配，用来休息或有偿工作或自己进修；学生可以一年修四季，早一年毕业，取得学位。芝大除正式招生外还开始在校外开班，招收社会上在职的人业余继续学习。他还实行聘请女教授，同职同酬；又提倡校际足球赛。芝大聘请体育教授，兼作大学足球队的指导，用以提倡体育精神，形成优良校风，闻名于世。

这位校长的创举中还有两项应当特别一提：一是他提倡教课和研究相结合，二是设立社会学系。

先说第一项，在当时美国大学里当教授的职责是限于教课，就是上班讲课。对其所从事的学科来说只有起到向学生传习的作用，并没有创新的责任。这位校长看到人类的专门知识必须不断创新，而且认为这也是大学的责任。所以一方面芝大的教授可以拿到比其他大学加倍的工资，但是不仅要讲课还要从事研究，要拿出推进一门学科的成绩。这项改革为芝大取得很大声誉，例如物理学上第一次成功地进行自续链式核反应和光速的测定，又如考古学上成功地用放射性同位素测定史前年代等。

芝大是美国第一个建立社会学系的大学。这也是开风气之先。他把 Colty 大学的校长 A. W. Small 请来当芝大的社会学教授和负责引进人才开办社会学系。当时美国学生想念社会学这门功课的，只有如Small本人和派克老师那样到欧洲去留学。后来社会学这门学科虽则已传到了美国，美国有些大学里也有人开社会学这门功课了，但是这些先驱者各人各讲，水平也不相一致。学术界还没有把它作为一门独立的学科来对待。Small说那时的社会学毋宁说只是一种渴望，还没有成为一套知识、一种观点和一项严格的研究方法。这句话使我想起派克老师当时在思想领域里探索的景象，这正好说明美国学术界当时的普遍情况。时代在前进，众人分头探索中，终会有人脱颖而出，树立起社会学这块牌子。这人就是Small，他在哈珀校长的推动下，把这块牌子首先树立在新成立的芝加哥大学。这牌子当时也为芝加哥大学争得了新兴的第一流大学的名声。因为接着这几年里，美国其他有名的大学如哈佛和哥伦比亚等都相继成立了社会学系。但是“首创”的地位还是被芝加哥大学占住了。从“首创”到“首位”，还要经过一个激烈的竞争的过程。在这个过程里，出现社会学领域里的“芝加哥学派”而且独占鳌头有几十年之久，影响所及包括当时的中国在内。在这段历史里，派克老师的功迹是突出的，也是公认的。对派克一生的事业来说也是他最大的成就。

派克进入社会学阵地

上一节提到1891年芝加哥大学的建成，这件事和派克老师并没有直接的关系。当时他还在美国南部脱斯开奇的黑人学校里工作，从1905年起到这时已整整七个年头了。现在我们作为局外人回头来看经过这段时间，派克出山踏入社会学这个学术阵地的客观条件可说已经成熟了。但是历史历程的实现，客观条件还得和主观机遇相结合，所谓万事俱备犹待东风。在这一节里我们可以转过来说说派克老师进入芝加哥大学社会学系的具体经历了。

1910年派克和黑人领袖卜干·华盛顿一起访欧回

来，就着手编写《每况愈下的人类》一书。到这年年底这书的前六章已经在*Outlook*杂志上刊出，受到《纽约时报·文艺评论》首页推荐。在当时舆论的推动下，派克认为这已是把黑人解放运动推向全世界的时机了，所以他建议，并在卜干的支持下，在脱斯开奇召开一个世界性的关于黑人问题的讨论会。这个有21个国家和地区、3700人参加的大规模学术会议在1912年4月19日开成了。在这个会上派克发表了一篇主题演讲《怎样通过发展教育来消灭黑人和白人之间的种族隔阂》。接着在会上有一位芝加哥大学社会学教授发言响应，讲题是《教育和文化因素》。这位教授就是后来把派克引入芝加哥大学社会学系的牵线人，名叫汤麦史（I. W. Thomas）。

这两篇演讲配合起来引起了这个会议的高潮。汤麦史后来回忆起这个会议时说：

我接到卜干·华盛顿的邀请信，这信里

> 还提到我对种族问题的观点，导致了重大的后果。在会上的一次讨论中我发现这封邀请信并非卜干自己写的，而是出于一位白种人之手。他就是派克（Robert E. Park）。从此我们两人开始了长期而有益的友谊。派克不仅善于深邃的思考，而且有力地能强加（imposing）于我，结果使我大受其益。

汤麦史被派克的魅力吸引住了。这个会议闭幕后四天，刚到家不久，迫不及待地给派克写了一封热情洋溢的信，这是两人间第一次通信。他对这新认识而一见倾心的朋友，提起笔来用“My dear brother, in Christ”相称呼。In Christ 一语是一种交情很深的熟朋友之间的一种揶揄性的惊叹词，如果硬要加以翻译，有点近于“你这个家伙”。

这信一开始就说：

我吃惊地深深感到，见到你之前我是那样的无知，现在我又是这样的豁达（一种豁然贯通的顿悟之感）。我们有缘相识，对我说真是一件极为愉快的大事。我已认识到黑人问题比了农民问题深刻得多。我在想，从欧洲回来后就要去西印度群岛。对此你有什么计划，能和我一块去么？我想把黑人和农人比较一下，一定会搞出一些名堂来；出一本关于脱斯开奇的书，一本关于西印度群岛的书，一本关于西非洲的书和一本关于美国南方穷人的书……这几本书写出来后，我们就成了。

信末具名是Good hunting，I. W. Thomas（这又很难翻译，意思也许是“仰慕、追求你的汤麦史”）。

前信发出后一周，4月24日汤麦史又给派克发了一信，说出了“我想你最好到这里来，和最后可能担任教课，但至今我还没有意思把你从黑人方面夺取过来”。

5月6日给派克的信中说：

能见到你是我一生中最大的事，如果如我们正在做的那样，把这件事顺水推下去，最后搞到一起和并肩授课，那将使生活大为精彩。如我已向你说过的，我现在觉得黑人问题比农民问题更有搞头了。同时，农民问题具有其比较的价值，我们也不能轻易放过。当我们做到了这一点，我们可能还要把黄种人包括进来（当我们一起从非洲回来以后）……我已把我们见面和想合伙前进的情形告诉了Small，他当即表示对你有很好的印象。他是个好人，我向他说的他会尽力去做。我们的学系如果有了你，将会大有起色。我们可以半年讲课，半年同去田野工作。我将和你商量一同去西印度群岛的事。

在信末自称你的亲兄弟（Your blood brother），还加上一笔“俟后行仪”甚至在信中用son来称呼对方，亲近到有点近于狎昵。而且这样连珠炮似的通信在初识的朋友中是少见的。这充分表示了相见恨晚的真情厚谊。派克的一方也是一拍即合，他在一篇自传式的札记里有下面一段话：

到目前为止我对黑人和黑人问题已有许多想法，并已积累了大量素材和见解，但还没有写出来。我觉得现在的情况是问题重重还待深入究讨，不是缺乏事实资料，而是能把这些事实的意义统摄起来说清楚的理论还

> 不够。我在汤麦史这个人身上初次找到了一个和我说同样语言的人（a man who speaks the same language as myself)。当他邀请我去芝加哥开一门有关黑人的课程时，我很乐于接受。

派克老师于1912年春天向脱斯开奇黑人学校辞职，和黑人领袖卜干·华盛顿告别。到1914年冬天才在芝大社会学系开课。其间相隔有两年的时间，其中有两个月他又用来在美国南方各地调查黑人的学校教育。可见他作为一个思想领域里的探险者，对黑人问题这块田野还是恋恋不舍。

当汤麦史向Small正式提出要把派克引进芝加哥大学的社会学系时，他发现对方尽管很愿意，但事情并非像他所想象的那样简单。我在1979年在哈佛附近见到的那位Everett Hughes先生有一段话记着这段经过：

大学的档案里记着派克最初是由该校的神学院引进的，因为当时的社会学及人类学系并没有空位。Small表示芝大的社会学系并不准备扩大。曾当过一个学院校长的Small，在系里是循规蹈矩的行政者，我听说他在哈珀校长逝世前曾希望校长能批准这件事。但接任的是一位保守派人物，坚持固定的预算。派克正碰到社会学系的经费相当紧的时刻。

Small当时在大学里是有权力的人，结果还是在1913年设法把派克引进了芝加哥大学，但不是社会学系，也不能给他教授的地位和工资，只能以教授级讲师的名义相聘，工资只有500元，讲一个课程。这点工资在当时是不够供应一个家庭的。但是派克老师并不考虑这个问题，毫不在意于名义和报酬。他关心的是他认为在这个大学里，他可以施展他的才能和圆他的梦了。

派克的大女儿Theodosia曾对她父亲在为人方面有过一段话:

> 我的父亲，也许受了马克思的影响，对钱财有一种看法，他说财富是劳动的结果，那些靠遗产生活的人，是夺取别人劳动的成果。他对于从父亲手上得到的钱财感到花之有罪。他不想去挣钱。他从德国回来时，在哈佛就教，薪水很低，但他乐于工作，因为他能在大师W. James手下做事。他有一条常引用的格言，“上帝对金钱是不经心的，看他把金钱给谁就明白了。”他在刚果改良协会里和在卜干·华盛顿手下工作时，报酬都很微薄。但是他极为乐于卖力。

我们可以相信，派克老师并不是个为个人的名和利而进入芝加哥大学和踏进社会学这个学术领域的人。他在这里安居乐业，因为这是他探索了半生的结果，这时可以说他是“得其所矣”。

派克和汤麦史两人的结合

写完了“进入社会学阵地”这节，就进入春节期间。今年春节不知为什么社会来往特别热闹。有一个上午，我正在为这一节加工准备送去打印，有个朋友坐在我对面，替我计算了一下在这段时间里，为了应付来客，我手里的笔停摆了有六次之多。尽管我在这种思想很难集中的情况下，心里却总觉得言犹未尽。客人散去后，我再定神想了一想。未尽何在？于是当我打算续写下一节时，觉得在这里还应多加一段类似插话的小节。

我在想：我在这篇《补课札记》写了不少关于派克老师怎么会成为一个社会学家的经历。我这样写是用

Raushenbush《传记》做拐杖，或是蓝本的。他称这种写作体裁是“自然史”。

让我在这里加一个补丁，因为最近在看些杂书时，看到了Raushenbush曾是派克老师的研究助理的记载，有必要在此补这一笔。

以自然史的体裁来写一个人、一个制度或一个集体的发展过程，必须抓住在过程中一些关键性的事件，使得这个过程能更清楚地表现出它顺理成章的连贯性。因之在搞明白派克成为一个美国芝加哥学派社会学的创始人的经历中，我认为他怎样进入芝加哥大学这一事件，不言而喻，有其关键作用。这个关键性的事件的中心是派克和汤麦史两人的结合。上节札记里，我在叙述这关键性事件时，还引用了从派克早年住过的旧宅壁橱里，找到他身后遗下的这两人往来信札，作为值得珍视的证件。

我反复琢磨这些信件，发生了一种玄妙的感觉。派克和汤麦史原是两不相识的、分居两地的知识分子，这次在脱斯开奇会上偶然相遇，却带出了派克成为一个杰出的社会学家的一生经历。这里似乎有一种我们中国传统中常说的不寻常的机遇，或是所谓“有点缘分”。在汤麦史的信中却充分地表达了他似乎有一种预感性的直觉，就是他反复说和派克相见的这件事是“一生的大事”。也许可以说已把简单的机遇，升华成了“缘分”。这种升华是众多复杂因素综合而成的，当时只给当事者一种莫名其妙的感觉，但事后看来却成了当时尚未发生的某一件重要事故的信号。这种直感，凡是经历过人世沧桑世故较深的人，说不定有时会亲自尝到过的，我在这里不能多说了。

回到派克和汤麦史一见如故的这种结合上来，说他们两人命中有缘也不妨。事实上派克在策划召集黑人问题讨论会时，以卜干名义写信给汤麦史时，至多认为汤麦史是个对黑人问题有兴趣，而且有一定观点的人，我相信他决不是有心策划使这次邀请成为他本人投身社会学的门路。但却就是因为在邀请信上提到了汤麦史的观点，成了汤麦史赴会的动机，和促成他决定在会上发言，直到他发生要把派克拉入芝加哥社会学系的想法。这一系列事件也许是形成汤麦史主观上发生这是“一生中的一件大事”预感的客观来由。

在派克这一头，他用了一句很具体而朴素的话说出和汤麦史结交的原因，他说“在汤麦史这个人身上初次找到了一个和我说同样语言的人”。这句话里我们应注意“说同样语言”这几个字，因为这几个字可以说是派克社会学里的“关键词”。派克把社会看成是一群能交谈的人组成的集体。交谈就是用同样语言说话。社会也就是通过共同语言交谈的这些人组成的。这些人达到了心心相印，互相了解，在行为上互相配合，才能完成一种集体行为，成为一个社会实体。派克花了半生指望能用科学方法来理解社会，而这件事不是一个人办得到的，必须有若干人一起配合起来成为一种集体行为。这种集体行为的基础是要有一批说同样语言的人，也就是要有一批志同道合的人组成一个集体来建立一门研究社会的科学。这个前提进而包含着后来发生的派克和汤麦史相结合的这件事。

我们应再注意他用“初次”两字。说是初次也就等于说过去他没有遇到过懂得他语言的人。他在这里所说的语言当然并不是日常生活中的语言，而是有关他所要实现的那件建立社会学的事业的语言。再换一句话来说，他到那时为止还没遇到一个真正志同道合的人，可以结合起来完成他理想中的事业。我们重复细味派克这句话，应当理解他的苦乐所在。苦是苦在知己之难得，乐是乐在最后“初次”见到了这个说着和自己同样语言的人。这不是“蓦然回首，那人却在，灯火阑珊处”么？他不是说他乐于和这个说同样语言的人一起工作么？这比了“这是一生的大事”的直感，说得明白得多了。其实这两人的感觉是一回事。派克在关于这件事的札记里正表现了他在用他的社会学的语言。这是一门联系实际生活的社会学。

我在派克和汤麦史两人的结合上发生了这一段遐想，同时又更感到我对派克社会学确实有初入堂奥之感，现在人已老才进行补课，似乎已经迟了一点。但话又得说回来，到了暮年还有这样一个补课的决心和机会，应当同样感到是件乐事。

我想在这节之末加一段有关汤麦史这个人的话。汤麦史论年龄比派克大一岁，是1863年出生的，比Small小10岁。他出生在Virginia乡下，属荷兰农民的后裔，1889年毕业于Tennessee大学后就在这个大学里教语文，接着去德国留学，1889～1893年在Oberlin学院当英文教师，他对此职不感兴趣，回头投入新成立的芝加哥大学，跟Small学社会学，1896年得博士学位，1910年升为教授，是芝加哥大学培养成材的第一批美国社会学家。但是当时他觉得自己并不完全同意又不愿追随Small那种偏重历史的观点，而有意自创新路，所以他当时自称还在社会学边际上徘徊。后来他和一个波兰移民学者F. Znaniecki合作实地调查欧洲大陆的波兰农民和美国的波兰移民，写成《欧洲和美国的波兰农民生活》（1918）一书而一举成名。但当这本书还没有全部出齐时，却发生了一件被当时芝加哥当地报纸炒热了的“私人丑闻”，FBI在一家旅馆里把他拘捕了起来。虽则后来判定无罪，但名誉受损被迫辞去芝加哥教授一职。有人认为这件事是汤麦史夫人在第一次世界大战期间过于积极参与和平运动所引起的。派克是同情汤麦史的，但无从出力相助，虽则后来他还是用自己的名义出版了汤麦史所写的“波兰农民”的续编《旧世界传统特色的移植》（1921），在社会学界取得了名著的地位。关于汤麦史和派克在社会学观点上的配合，留待以后再说。

从探险者成为拓荒者

派克老师能成为个社会学家的本钱或智源主要是他在前半生49年里积聚在他所谓“思想库”（thinking tank）里的那份雄厚的贮存。这笔丰富的智力资源得之于他这段生命中的社会经历。我记得在燕京大学课堂上听他讲的第一堂课时，他就开门见山地要我们从实际的社会生活里去学习社会学。他一再教导我们这批想学社会学的年轻学生说，学社会学是最方便的，因为我们自身的生活就是最好的社会学的素材，而我们每个人都成天在社会里生活，研究社会学的资源到处都是。如果我当时真的明白了派克老师这个听来似乎最简单的教导，也就不会到现在这须眉皆白的时候还需要下决心来补课了。

派克老师这句“社会学就在自己的生活里”的教导，不仅说出了派克社会学的关键词，听起来很简单，而实际上是他用了半生奔波的生活做代价才得出的结论。这句话本身总结了他几十年里思想领域里探索的收获，实在是经验之谈，甚至可以说派克老师所讲的社会学一直没有半点超出他自己切身的生活实际。他本人的生活实际充实和丰富了他的社会学的内容，同时也可以说局限了他社会学的阵地。当然社会学家本身的生活内容并不等于他在思想领域提炼出来的社会学。两者是有区别的，但是一切对社会现象的认识和讲解，没有不是以自身真实的社会生活的体验为基础的。派克老师所讲的社会学，处处都是从他生活经验中产生的。他的社会经验通过他思想上的提炼，贮存在他的思想库里，经过不断的磨炼，成了他的社会学。他本人也在社会上取得了一个社会学家的角色和地位。

具体地说派克老师本身的社会经历可以分成三段：第一段是他早年的学校生活和11年的记者生活，第二段是他在美国南方7年中和黑人一起过的生活，第三段就是他的长达31年的后半生，包括他在芝加哥大学里作为社会学教授的生活，以及他退休后在太平洋周围各国的考察和旅游。

这三段生活对他的社会学的影响是不同的。第一段正如在这篇札记的前几节所说的，被人称做是他作为一个思想领域里的探险者的时期。探险者意思是指他对社会学这门学科是什么还不清楚。

派克老师在进入芝加哥大学之前，在美国，社会学这门学科固然已经在大学里取得了公认的地位，可以说社会学在美国已经不再是个探险的对象了。但是对派克本人来说他还没有明确当时他所追求的对象就是“社会学”。我们可以说当时在他思想库里所存贮的资源实际上已经是当时被一些人认为是“社会学”的东西了，但他自己还没有这个明确的认识。经过汤麦史的努力，把他拉进了芝加哥大学的社会学系，这是个在社会上公开挂上了牌子的社会学的机关。这时派克老师才固定下来成为一个社会学的拓荒者，而不能再说他是思想领域里的探险者了。

把派克老师归入社会学拓荒者的一代的是 Everett Hughes，他的意思就是指在美国创立社会学的一代。这个说法我觉得对我很有启发，就是提醒了我们社会学还是一个年轻的学科，它的诞生还是我上一代人的事。说它年轻是指它还没有成熟的意思。这种认识和定位使我们要时刻记着年轻有它的好处，也记着年轻有它的弱点。好处是在它的创新精神，弱点是在它没有已定型的道路可循。

Hughes 列举出了社会学拓荒者的学术出身，说他们都是半路出家的人：法国的 Leplay（1806～1904）和意大利的Pareto早年都是学工程的，美国的Tarde（1834～1904）、法国的Durkheim（1858～1917）早年是学法律的，德国的Max Weber（1864～1920）和美国的L. H. Cooley（1864～1929）早年是学经济学的，美国的Lester Ward（1841～1913）原是个生物学家，英国的Herbert Spencer（1820～1903）、德国的Georg Simmel（1858～1918）原来都是哲学家。派克老师自己在大学里名义上也是学哲学的学生，他在哈佛大学所得的学位也是哲学博士。

在Hughes列举的一些社会学拓荒者一代里特别提到汤麦史（1863～1947）是个例外，他是芝加哥大学社会学系第一批获得社会学博士学位的人，他是当时已称社会学教授的Small的学生。但是他在学术上其实是和派克先后走在一条路上。他们共同的出发点就是从人们实际生活里出社会学。

汤麦史著名的《欧洲和美国的波兰农民生活》一

书，在写作上就一变当时社会学著作常见的体裁。全书共2250页，分5册装订，其中有1/3以上的篇幅是移民在美国的波兰人和家乡农民间往来的私人通信，和有关他们的传记，并补充了从波兰语刊物上选录出来的资料。派克的学生Blumer 1979年说这种作风是表明他对“讲座式社会学”（Armchair Sociology）传统的反叛。他把私人通讯和个人传记汇编在这本书里，作为专著的主要内容。我想他的目的就在想让读者们能直接看到波兰移民和家乡农民社会来往的原始资料，使读者能闻到一些生活气息和领悟一些言外之意。

派克对我印象最深切的教导就是他亲自领我们这批小伙子到北京的天桥去参观“下层社会”。他不仅要我们用眼睛看，用耳朵听，而是一再教导我们要看出和听出动作和语言背后的意义来，就是要理解或体会到引起对方动作和语言的内心活动。别人的内心活动不能靠自己的眼睛去看，靠自己的耳朵去听，而必须联系到自己的经验，设身处地地去体会。这种“将心比心”的活动在我国传统中是经常受到重视的。

我想起了老前辈陈寅恪先生在审查冯友兰《中国哲学史》报告中强调的“神游冥想”时说要“与立说之古人，处于同一境界，而对于其持论所以不得不如是之苦心孤诣，表一种之同情，始能批评其学说之是非得失，而无隔阂肤廓之论”。这句话里所说的同一境界和表一种之同情，在我看来也就是用本人内心的经历去体会和认同于古人的处境，以心比心做到思想上的互通。这个求得对古人持论立说的“真了解的途径”，其实也适用于一切人对人的互相了解的社会关系之中。派克把“知己”作为“知人”的根据，揭出了人和人能在社会关系中结合的关键。上节札记里我提到的派克和汤麦史两人的结合其实就是一个很具体的例子。

派克老师在备课

在上几节里我说，派克前半生可说是个思想领域里的探险者，他探险的目标是要建立一门以研究人际关系为对象的学科。当他进了芝加哥大学社会学系，他成了这门被称为社会学的学科的拓荒者，意思是这门学科的内容和研究方法都还没有立出章法，也就是说社会学是怎样一门学科在学术界和社会上还没有一个共识，所以说这还是学术上的一片处女地，有待学者去耕耘成一块人们知识的熟地，不断可以产出对人们社会生活有用的知识。

派克老师辞掉作为卜干·华盛顿这个美国黑人领袖

的助手，在脱斯开奇黑人学校里工作了7年之后在1913年接受芝加哥大学的聘任为该大学神学院（Divinity School）教授级讲师（Professorial Lecturer）。派克老师虽则自己主观上有进入科教园地完成觅取职位的志愿和雄心，又有汤麦史的大力推荐，但是看来一开始并没有顺利地获得芝加哥大学社会学系教授的地位，说明了世事的坎坷。但是派克老师素来淡视名利，所以这种遭遇并没有阻碍他走上自己选择的人生道路，而且他又善于逆来顺受，把坏事转为好事。他在新岗位上，能充分利用这个教务负担比较轻、闲暇多的条件，来为他向学生讲授社会学做准备。他在从1913年进入芝加哥大学到1923年提升为社会学教授的10年时间里，尽量设法充实他对社会学内容的建设。主要是通过阅读（reading）、梦求（dreaming）和思考（thinking），进行备课。

在继续写我这些补课札记的过程中，我本人不断受到生活波动和思想发展过程的冲击，写完上一节之后几乎停笔了有两个多月，1999年的5月和6月。这次停笔一方面是由于我打算去京九路穿糖葫芦（“穿糖葫芦”是我最近二年里采用的一个形象性的专称，指的是想按铁路线发展一连串互相衔接的中等城市型的经济中心）。这个设想是我在区域研究中的新思路，也是我“行行重行行”研究工作上的新课题。还有一个原因是这篇《补课札记》的写作上遇到了一个难点。如果我按派克怎样成为一个社会学家的自然史的历程来写，接下去应当讲派克进入芝加哥大学之后的“下半生”了，也就是按我利用Raushenbush的这本《传记》做拐杖，按这个次序写下去，可以同读者讲讲这位老师怎样在教授这个职位上推动美国社会学的成长。用这个思路来继续写我的《补课札记》就比较容易下笔，但是我另一种想法是利用这篇《札记》记下一些派克所阐发的社会学的实质问题，例如他在这时期写下和发行较广的几本重要著作的内容。至少我可以记下一些我对“派克社会学”内容的体会，那就是说我在这本《札记》里要引出我对社会学内容本身的看法了。如果顺着这条思路发展下去，我就不能不估计一下自己这一生还能有多少时间供我这样消耗了。尽管每年一度的体检，似乎都表示我不至于在很短时间内就会结束我这一生。但这是难于预卜之事。若要使这本《补课札记》不致成一本“完不了的乐章”，我还是挑一条易于完成的路走为妙。在过去的两个月里，我一面在车子里行动和在各地的宾馆里休息，但心里还是一直在思考怎样把这本《札记》打个结束。最后还是决定从派克老师进入芝加哥大学社会学系这一刻起，继续用《传记》做拐杖写下去。所以接下去应当是讲他怎样利用进了芝加哥的头三年“备课”时期的生活。我采用了《传记》里提到的三个词：阅读、梦求和思考来作为这一节札记的提纲。这三个词不经意说出了这位老师一生奉献给社会学的一贯精神。正如他的朋友们和学生们所说的，看来这位老师念念不忘的就是要建立起社会学这一门学科。他可以为此废寝忘食，甚至他的家人已习惯了他不按时回家就餐的生活规律，不再和他计较这些常常会打乱别人生物钟的麻烦。他可以和他同室办公的同事们争辩得津津有味停不住口，而难为了服务员不能按时下班。他可以指使在上班路上遇到的学生改道前进，以免打断他正在思考将在班上讲话的腹稿。他可以等不及结好领带匆匆上台开讲而有劳班上的学生在听讲之前要为他整理一下衣襟，甚至要替他擦去刮胡子时留下的肥皂沫。他的心里不在这些上面，而是在思考、思考、再思考。他竟成了个不修边幅的书呆子，在英文里是个十足的absent minded professor。上述这些在芝大校园里流行的笑柄，是我在各种讲到这位老师的回忆文章中得知的，并不是我自己的印象。他在燕京讲学的那个学期，在我记忆中最深的一件事是他是个最守时刻的老师。我却是个最喜爱睡懒觉的学生，他总是比我先一步进教室上课。这件事我是一直对他有意见的。

关于上面所说的三条提纲里的“梦求”这一条是我从原文dreaming一字翻译来的。我没有核实过他在梦里是不是还是忘不掉社会学这门学科。对这个问题我是无法核实的，但是我相信他经常会“梦见周公”的，因为他的学生们都说他是个有了问题决不肯白白丢掉的人。许多学生记下由于这位老师不断地追问才使自己豁然贯通的经验。这位老师最不高兴的是学生脑中没有经常在想解决而解决不了的问题。如果脑中没有问题迫着自己，怎能使一个人的思想不断前进和推陈出新呢？他这样要求学生，因而可以推想他一定同样对待自己的。如果睡眠时还带着个没有得出答案的问题，那不就会带入梦中了么？所以我想用梦求一词来说他不让脑子里的问题过夜也许确有此境。

关于通过读书来备课那是不必多说的了，因为他所编的这本《社会学这门科学的引论》，即那本多年在美国各大学中风行的社会学教科书，本身就是一本他的读书记录，是一本根据他为社会学提出的纲目，搜集各家有参考价值文献资料的汇编。这些都是经过编者反复阅读各家原著中提炼出来的精华。对每一个有关社会学的纲目下的历来在西方社会学论坛上有代表性的论点，几乎都被采用来作为引导学生入门的台阶。在这样的目的下，编者所需阅读的资料之繁重就难以估计了。这笔账，我们且不去计量，但在这里特别应当说一说的是派克读书的特点。《传记》的作者认为最值得我们学习的是他对冷门书的重视和所得到的收获。

有人把派克社会学说成是从“集体行为”（collect behavior）开始以“人文区位学”作结的。“人文区位学”作为一门学科的确是派克老师最先提出来的。他从读冷门书中得到启发，不断联系他的社会学思考，培养出这一门他没有能及身完成的学科。《传记》的作者说：在他进入芝大的头几年里他主要是读书备课，他遍读各家熟悉的社会学著作外，还喜欢在图书馆里寻找冷僻的书本。一旦找到了一本他认为是好书，就像大热天跃进了一个清水池塘，不计深浅界限，没头没脑地钻进去尽情享受。他就是这样发现了其他社会学者没有发现过的这个新领域，就是他后来发挥培育的人文区位学。

启发他进入这个“人文区位学”的那几本冷门书就是：Engine Warming 的 *Ecology of Plant*（《植物区位学》），那本书的英文译本是1909年初次出版的；W. M. Wheeler的 *The Ant Colony as an Organism*（《作为一个有机体的蚂蚁窝》）；Charles C. Adams 的 *Guide to the Study of Animal Ecology*（《动物区位学导论》）和1915年出版的C. J. Galpin的 *The Social Anatomy of Agricultural Community*（《农业社区的社会解剖学》）。

他阅读了这些冷门书之后高兴得甚至要劝他的儿子R. Hiram Park专修这门人文区位学。他这位儿子曾经记下：

> 在1915年或1917年，我记得爸爸在Lansing停了一会儿，他有一个想法：要我研究植物和昆虫的区位学，他为我解释说这些比人文区位学要简单些，但是如果我有志于研究人文区位学这些书会对我大有用处。我明白他的意愿，但没有跟他指示的方向走，因为我已在电学和机械学方面花尽了我所有的业余时间。这个世界看来将向高度技术化发展，我想为此做出准备。

如果不是派克老师对人文区位学前途有那么大的信心，他不会动员他的儿子去研究这门学科了。我已说过这门学科他只破了题，但没有在他一生中建立起来。连他多次想用“人文区位学”的名称写一本专著都没有落实。这是后话。但在我这本札记里可以提到这件事来说明他怎样去挑选书本来阅读的。从冷僻的闲书中容易有新鲜的启发、取得学术发展的新途径，派克老师就是可以为此作证的学者。

欧战期间的派克老师

1917年4月6日，派克老师正在芝加哥大学里准备社会学课程的教材，美国政府对德宣战，加入协约国的阵线参与第一次世界大战。这样规模的世界大战在人类历史上还是空前的。久处太平日子的住在美洲新大陆上的人们如梦初觉，海外战争从天而降。

这时成立未久的美国社会学会通过它的刊物《美国社会学杂志》向130个社会科学家发出了一个通知，征求他们对在这个大战中社会科学应当做些什么的意见。派克老师趁这个机会发表了他对社会科学战后发展的方向的意见，也是他进入社会科学阵地之初的一项重要的对社会科学前途的表态。这里讲的话，在我看来至今还是适用的，尽管现在离第一次世界大战的结束已有近一个世纪了。他说：

> 世界战争对社会科学不会不发生影响。原有传统的思想意识已受到震动，甚至已经动摇了。这似乎是件小事，但是在我看来传统分立的各种社会科学，如经济学、政治学、历史学、社会学之间的分界线在1918年春天前后将要彻底地崩溃了。
>
> 过去不同学科的学者都是从不同的角度去研究同一的问题，今后他们势将用相同的语言来表达他们见解，而且可以取得相互理解。
>
> 过去各学科的分立其实来自英国，并不是欧洲大陆传统。它继承了英国个人主义的

政治哲学……自从工业兴起以来，国家在经济上和政治上组织成了互相竞争的对立体。国际性的战争已改变了这种情势。人们对国家的要求已不仅为保障个人间的自由，而要它实现社会的公平。这就引起了一大堆新问题……

战后我们将面对这些问题。不能再像过去一样盲目地任自然力量的推动，而必须对历史的进程加以人力的控制。我们将成为历史的主人，首先必须理解这些问题。这就是社会科学的任务。

以上这段话，我觉得他明确地把社会科学和历史进程联系了起来。历史进程是客观存在和不断发展的实体，社会科学是人们对这实体的理解。人们主观上的认识和人们生活在其中的社会实体的关系说清楚了。派克老师认为这是第一次世界大战的启示，也是人类历史发展到这个时期启发给人的一种自觉。社会科学应当建立在人们的实际生活上而且为人们的生活作出指导，这样人们才开始做了历史的主人。这是对社会科学的根本认识，也可以说是为社会学的功能奠定了认识上的基础。

派克一向反对当时在美国社会学初期盛行的他称之为“做好事的学派”，就是把社会学的应用看成是帮助人们解决日常社会生活中发生的困惑，也就是一种社会服务的工作。这种看法来自一般传教的牧师，出于宣传宗教信仰或做些好事的慈善心理。在第一代美国的社会学者中受过这种影响的人很多。这和派克“做历史的主人”的想法性质上是不同的。人们在社会生活上发生困惑时触动他的，不是慈善心理而是要求理解的科学态度。通过科学的理解去探索解决引起人们困惑的客观存在的社会原因。这是应用社会学和一般社会服务工作的区别。

世界大战不但启发了派克老师把他引导到了社会学功能的认识，而且实际上又把他带进了一个社会学的课题。这个课题一般称做“美国化”（Americanization）的问题。这个问题是发生于美国的历史。美国一向是，现在还是，世界上各地来的移民组成的。500年前欧洲航海家发现美洲大陆，还称做新大陆。嗣后几个世纪中世界各地不断有人移居到这个新大陆上去，形成了后来称做北美合众国的一个现代国家。这段历史说明了美国人原是来自其他地方的移民，真正是萍水相逢尽是他乡之客。其中除来自非洲的黑人和来自中国的华人外大多是从欧洲大陆移入。当第一次世界大战爆发时，来自德意志的移民据说有2000万人，分居在6500个地方聚居的移民区，意大利移民和他们的后裔分散在24个州里有887个聚居区。波兰原籍的移民有1000个分支。这些人名义上当然是美国公民，即美国人，但是长期以同乡关系抱成一个团和当地的其他美国人很少往来。这种民族间的社会距离，我自己在80年代访问加拿大时印象特深。当时我住在多伦多附近的蒙特利尔市里，这是个法裔移民区，在街上如果用英语问路，常会遭到白眼，甚至有意误指方向。在那时美国情况似乎好一些。但在纽约市内有些街道还是黑人当道或是西班牙语的世界。美国流行的英语在这里还是吃不开的。这是我亲身经历过的事。在我们中国类似的事情是看不到的。

但那种认同感或归属感我们是可以理解的。还是用我切身的体验来说，不久前为了看女足的决赛，我排除众议半夜起来看电视。在前后两个半场中两队胜败不分，我也一直紧张地对着荧屏，一刻不肯放松。最后一球入网，还是自慰的对自己说输得冤枉。这里正充分表示出我对国家的归属感。这种归属感是悠久的历史形成的，至今我仍认为是十分可贵的。但在几十年前的美国人中对所属国家美国的认同感特别是在移民集团中还没有牢固地建立起来。1917年美国在参加欧洲大战时，这些移民及其后裔心理上的归属还存在相当严重的问题，自己偏心于祖国呢还是所在国，在这批人中自己还拿不准。美国作为一个国家来说这就成了一个极可忧虑的问题了。于是当时美国政府和一般社会上就提出了对这批归属问题上的动摇分子要加强他们对美国这个集体的认同感的要求，当时流行的名字就是Americanization，翻译起来也不太容易，说白了就是要消除移民及其后裔在归属心理上的动摇性，也就是加强美国公民对美国的向心力或称凝聚力。要使这些归属上的动摇分子不再感到身在曹营心在汉的心态。

美国的移民历史造下了这个在参与世界大战时的人民心态问题。这个问题事实上早已存在，但到美国宣布参战而且站到了协约国的一面和同盟国形成了敌对关系时，怎样处理那些原来从敌对阵营里来的移民和他们的后裔就成了一个必须面对的严重问题了。美国当时已声称是个民主国家，这样重大的政策问题又不能由政府独自决定；必须有群众性的舆论支持，为此需要有对社会舆论有左右力量的学术权威的支持。因之当时就由经济巨头钢铁大王Carnegie基金出面提供巨款开展一个从1918年1月开始，1919年6月结束的“促进美国化的研究计划”。派克教授被卷进了这个研究计划。

重看从本节前面所引派克老师对战后社会科学的意见时，就可以理解当人们感到这个所谓美国化的问题时，他很自然地会作出参与这项研究的意向。客观上看要找适当的人来研究这个问题，自然就会找到派克老师的头上。

卡内歧基金资助的美国化研究计划分为10个课题。计划主持人要求派克老师指导其中的一个关于“研究外文报纸”的课题。当时美国的移民社区用原籍语文出版的所谓外文报纸超过50多种，主要在芝加哥和纽约，1918年夏季派克从芝加哥一些地方的外文报纸入手，到了秋季研究工作的中心迁至华盛顿，停战后不久又迁至纽约。在纽约时他又接管了这个计划的另一课题“移民传统的继承”问题，他利用这个机会圆了他的一件心事。

我在札记前几节里提到的派克和汤麦史的那段交情，汤麦史遭受不白之冤辞去芝加哥大学的教授职位，派克一直感激这位引他进入社会学阵地的人并为他的遭遇抱不平。他接受卡内歧基金研究计划时就宁冒当时舆论的逆潮，特地起用汤麦史来协助他的研究工作，并且在芝加哥闹市的一家餐室的楼上共同租了一间写字间做他们工作室，合作编写了一本《移民报纸和对它的控制》。

这两个社会学中的人杰联合在一起，他们就想把移民的美国化问题扩充成对美国移民社区的全面研究，他们的意向发表在1925年《美国观察》杂志的一篇文章《移民社区和移民报纸》里。

派克在对移民报纸的研究中体会到大陆来的移民正

处在一种转型的心态之中。他首先要从狭隘的地方观点中挣扎出来，取得民族意识，有如过去的南洋华侨先要从地方帮派里解放出来形成一个华侨一体的概念。从欧洲大陆移民北美的人们也要经过这类同的过程，一个西西里（Sicilian）地方的人要经历一段转变才会认同于意大利这个民族的归属，承认自己是住在美国的意大利人（Italian）。从民族归属再进一步才能进入美国人的社会圈子里。因之用各自的本国文字来刊行的所谓“移民报纸”是一个帮助移民进入美国化的台阶。派克实际上已碰了民族的文化接触和融合的动态过程。他是在20世纪初年在美国碰到这个现实问题的，他在研究这个问题时，由于他自己是记者出身，所以印象特别深的是移民办的报纸在这个过程中所起的作用。

各种移民办的报纸上发表的关于美国移民们自传式的报道，引起了派克老师的高度评价，甚至把这些材料看成是他所发现的金矿。他曾说：“就是这种知识，而不是那种统计的数字给了我了解民族关系和人的本性的真知灼见。我回想自己的经历时感到在纽约研究美国化问题的几个月里读到的那些犹太移民的自传性的文字给了我思想上革命性的启发。”

卡内歧基金所支持的“美国化研究”，1918年正月开始进行了有一年半，在研究工作尚未结束的1919年7月时世界大战却结束了。这时社会上对移民的信赖问题已不再感到紧张了。这些研究的成果对了解美国实情的价值，事后来看是极为重大的。但是在当时因触及了美国本质的要害冒犯了包括卡内歧基金在内的美国社会上层的利益，使他们觉得有点不对头了，基金会的董事会决定对这项研究计划进行重新审查，结果是认为“这10项课题的研究成果中有许多地方需要大加改正和重写”。1923年负责出版的Harpers公司也声称这个系列的丛书销售下降，翌年又声称赔了本，1925年宣告停版。随后这项研究计划也无法继续下去。

派克老师接手的“移民传统的继承”这个课题已及时和汤麦史和密勒一起写出了一个报告，名为《旧世界特点的移植》（*Old World Traits Transplanted*），1921年已出版。但这个报告的著者只标明是派克和密勒，汤麦史的名字被默默地注销了，而实际上这书大部分是汤麦史动的笔。而且这报告出版时并没有按例请课题主持人写序。如果派克在这书前写序，决不会抹杀汤麦史的名字，这事引起了汤麦史的极大不满。他已受过一次不公平的打击，失去了教授的地位。这次派克是有意要恢复他在学术界的地位，但又发生了这件不幸的事，派克和汤麦史的友谊上暂时又受到了一次袭击。派克对这件事又无力纠正，但是友谊上的裂痕为时并不长久。几年之后派克又找到了恢复汤麦史学术地位的机会。1931年1月1日汤麦史给派克写了一封热情洋溢的信恢复了友谊。又隔20年，1951年这本《旧世界特点的移植》得到重版时，D. R. Young为该书写的序言里引用了当时

“美国化研究”的主持人Brown的话，说明了这本书主要是根据汤麦史的研究成果写成的，而且在重刊本上所标明的著者中汤麦史的名字列在首位。

“美国化的研究”尽管引起派克、汤麦史结合中一段插曲，但这本他们合著的书的最后出版得到美国社会学界的赞赏，公认“要写美国20世纪的历史不能缺少这一份研究报告”。

对派克老师本人来说，他在走上讲台前的几年备课时期中又发现了一个发展社会学的金矿，就是提出了美国国内民族关系的问题，而且他在这个课题的指导下，晚年又把这课题扩大到全球的民族接触和融合的前景。现在我们回头来看，在21世纪这正是要认真考验社会科学界的一个大课题。

派克老师走上讲台

派克老师是1913年以神学院教授级讲师的名义进入芝加哥大学的。看来这个地位的教师并不需要开课讲学。这年他只在大学里以“从黑人看种族混杂”为题作了一次公开演讲。可以说这是他以社会学者身份在新的学术园地里亮了相。同时也标志着他是从研究美国黑人问题为入口正式踏进社会学这个学科的，而且也说明他是用他在美国南方脱斯开奇工作的7年里和当地黑人亲密接触中得来的亲身阅历为基础上台讲学的，实践了他生活里出理论的主张，而且也实践了他在结识引进他入芝大的汤麦史教授时的约言，一起研究种族关系来开拓社会学的研究阵地。他和种族问题在一生中结下了不解之缘。我在上面的札记中曾提到派克老师离开脱斯开奇之后，进入芝大之前，还特地去美国南部诸州考察黑人教育问题，这表明了他对美国南方的黑人恋恋不舍。

派克老师虽则后来一直被公认是美国社会学的芝加哥学派奠基人，但是他和芝大社会学系建立关系也经过了曲折的历程。他直到1923年才取得社会学系教授的地位，离他初进芝大的1913年有10年之隔。其间人事上的细节，我没有打听过。据我所知道的，1914年他已经开始在系里开课讲学了。他所开的第一个课程是《美国的黑人》，很明显是他在上一年公开演讲的继续。

按大学的惯例一个学系在开学前要公布这年所开各个课程的内容提要。派克老师这门新课程的内容据公布的是："特别着重探讨美国白人和黑人之间接触的结果；奴役和自由，试图分析当前的紧张关系和发展倾向，并估计这种种族关系变化的性质和对美国体系的影响。”

这样一门专门研究美国黑人的课程当时在以白人学生为主的美国大学里是空前的创举，也是独一无二的。在20世纪初期的美国，要在大学里把种族问题列为一个可以公开讨论的题目是需要相当勇气的，因为我们知道即使经过了已近一个世纪，种族问题特别是有关白人和黑人的关系问题，至今还是个不敢轻易触及的禁区。派克老师在芝加哥大学这块学术高地上扯开这面大旗，没有深切的热情和无所畏惧的勇气是办不到的。

我在这份札记的上一节里插入了一段关于派克老师在第一次世界大战期间，1917年美国参战后，接受过当时的校外研究任务参与“促进美国化的研究计划”。这个研究计划，其实还是和他的种族关系研究一脉相通的。这是研究战时欧洲移民后裔怎样融化为美国人的问题，本质上和美国黑人的种族问题是一致的，它们都是具有不同文化的人在一起生活时怎样通过接触、冲突或融合的相互关系的研究。只是研究的对象和问题有所不同罢了。其实派克老师1904年在哈佛大学当助教时，在波士顿参加反对比利时国王虐待非洲刚果黑人而组织"刚果改革协会"时，已经开始注意到这世界上的种族矛盾而决定了自己研究的方向，就是19世纪已存在至今尚未解决的不同文化和民族因互相接触而发生一系列问题。这正是派克老师在芝大所开的第一个课程所要讲解的内容。美国欧洲移民的美国化问题也应当纳入这个大问题之内的，其实这个基本问题的研究一直贯彻了派克老师的一生。如果联系他后来在30年代的东亚旅行所提出的太平洋沿岸直到印度和非洲一带的种族相处问题，使我联想到当前全球一体化过程中所引起的各种经济、政治和社会的问题，根本上是一脉相通的，都是这个地球上人类在发展中所经历的同一问题。从这个线索上去理解派克老师所开辟的学术阵地，就会更亲切地感到他抓住了我们所处的历史时期的问题的关键，更见得他早就怀有宏伟的远见了。

派克老师的一个有名的学生Everett Hughes曾在回忆这位老师时写道:

> 美国社会学的特点是能从令人新奇的琐屑事实里看到世界宏观的整体，从个别新闻事件里看到新闻背后的东西，从而结合到理论加以发挥，派克老师比他以前任何人都更能做到这一点。
>
> 派克突出的本领也许可以说是在他能打通记者和哲学家两者之间关系。在他的脑子里，没有一件微小的人事不会引起他最深奥的哲理推论。比如我曾在一篇论文里按商品集中数量的大小来排列伦敦、纽约等大城市的序次。派克把这一论点引用到美国内地的情况而且说这里也有较小的中心的辐射作用，

这些中心都以其经济能量控制着四周的腹地，从而发挥了中心对腹地的作用。他能由大到小看到了一个城乡网络。他的伟大之处也许就在他能从自己经验中的微小事件看到整个世界而把双方联结了起来。具体的东西都用广泛抽象的话语说出来。他的头像是伸在哲学的云端里而他的双足却站在芸芸众生的土地上，他慢吞吞地在肥沃的思想中运行。事实上，他似乎想把哲学的思想和人间众相紧密地结合在一起。

1916年派克老师除了继续开讲有关种族问题的课程外，又增加了《新闻媒体》、《群众和公众》和《社会调查》等三门课程。我们可以说，在这几门新课程里他又抛出了储存在他知识库里的另一部分积蓄，就是他用了作为新闻记者的11个年头所得来的丰富阅历。他对这一部分储存一直是十分宝贵的。因为他时常怀念他的老师杜威博士，并一再提到研究新闻媒体是杜威老师给他出的题目。

他在《社会调查》这门课上一贯强调参与调查，就是直接去接触和观察市民的生活。当学生们开始实地调查时，他总是要跟他们一同下去，至少要一同去一次。他是个健步的人，当时可能不像目前的城市居民那样常常以车代步。在20世纪早期用自己的两条腿走动，也许还是美国城市生活中一项普通的运动项目。派克老师经常自称他也许是美国人中在城市街道上步行的里程最多的一个。有个学生回忆说："有一次我们在意大利移民区的边上走过一个破烂的仓库区时，他大声向我讲述这个区域的过去、现在和将来。他有点像是自得其乐地自说自话。"他又经常赞赏城市说："城市毕竟是文明的人居住的地方。"意思是人类的文明是城市的产物，他又常常喜欢重复Spengler的话，"一切伟大的文化都是城市产生的”和“世界史是城市居民的历史”。他所说的世界史不同于人类史，指的是人类的文明史。

从1921年到1931年，芝大社会学系研究生中有15个是以芝加哥这个城市为试验室，进行调查编写论文的。其中有七篇论文后来出版发表，其中三本由派克老师写了序言，畅销了50年的那本Nel Anderson写的*The Hobo*是其中之一。由派克老师指导的关于种族关系的论文有42篇。

派克老师在学生论文出版成书时写序言的在《传记》附录里提到列举的有14本（从1917到1940年）。1971年出版的《黑人社会学家》(*The Black Sociologist*)一书有专章称做“派克传统”列述美国最伟大的黑人社会学家，其中有两个是派克直接的学生。

S. Lipset在1950年评论派克的文集《种族和文化》时说：“如果过去40年里美国对种族问题的气氛和舆论有了变动的话，大部分应归功于派克和他的学生。20

年代和30年代初期，在种族问题上形成了美国社会学上最深的记印，是在派克鼓励下他的学生们对各种种族和民族团体的研究和结果所形成的。”

奠定社会学成为一门科学

派克老师一生中被认为最重要的成名之作是他那本巨大的《社会学这门科学的引论》，这本《引论》原是为初入大学的学生准备的引导他们进入这一门称为社会学的学科的基础课本。在我进入大学的20世纪30年代，据我所知，一般大学都极重视这种入门课程，总是由学系里能力最强也所谓最叫座的教师讲授，这一课讲好了，学生就安心在这门学科里上进了，学系也欣欣向荣，正所谓吃香了。如果不能在这门课上收拢学生的心，那就会影响到整个学系。我在《决心补课》这一节里也已表达过，由于我是个半路出家的和尚，在初入大学时没有念过社会学概论这样的入门必修的基础课，因之而自感底气不足，老来受苦。所以决定重新找到派克老师这本《引论》做为补课的入口。这个决定是一年多以前做出的，经过这一年的补课，自认为这项决定下得是不错的，对我是有益的，因为自己觉得这一年里我的确有不少新的思想在发展之中。在我这一年里所写的文章中也有所流露。按传统举行的我90岁生日的欢叙会上，朋友们又把我这一年写的文章集成《九十新语》那本小册子，已印成四集，可以作证。

说到派克老师所编的《引论》这本书，从书名本身起就得注意和多想想，它的原名是 *Introduction to the Science of Sociology*，直译成汉文是“社会学这门科学的引论”。读起来似乎有点别扭，因为英文里的 sociology 现在普通都译做社会学。英文 sociology 是由两个拉丁字根 socio 和 logy 组成的，socio 即社会，logy 即学科或单称学。为什么派克老师偏偏在 sociology 前加上一个

science一字，science中译是科学。所以这本《引论》的全名成了《社会学这门科学的引论》。派克老师加“这门科学”这个语词是不是犯了文法上的重复意义的毛病呢？因此我们对此要多想一想。

书名上标出“这门科学”的用意在本书并没有直接加以说明，对此我只能自己揣摩了。我首先想到的是科学一词的特定意义，在人们思想中不同时代不是一致的。派克老师所处的是20世纪初年的美国。当时美国的思想界特别是社会科学界对社会学这一门学科怎样定位还没一致的见解。据我所知道的，派克老师最感到恼人的是把社会学看做是一门对付当时社会上出现不正当现象的学科。当时美国正处在工业化的初期，社会上发生着种种传统眼光里看不惯的现象，群众中对这些被认为不正当的现象有着强烈的反感，当时的传统意识又深受美国早期移民清教信仰的影响。当时的社会学家包括芝加哥大学社会学系主任Small本人都是个受宗教信仰影响较深的人。派克老师却坚持欧洲文艺复兴中兴起的理性主义的信念。他对那些主张改良主义的社会整风派很有反感，把它称做do-goodism（“做好事主义”）。他甚至说芝加哥城里最大的破坏者不是那些腐化的政客或犯罪者，而是那些口口声声闹改良的老娘们，他讨厌这种高唱做好事的人，因为他们不去分析形成社会不正当行为的原因而妄作主张。读者也许还记得他在当新闻记者时采访过一个酗酒的女犯。他发现酗酒相当于社会上的一种传染病。他认为社会学者不是一个头痛医头的走方郎中，而是个对症下药的医生，这是他要强调用理性来对待社会现象的科学态度。他在《引论》书名中标出他所讲的社会学不是那种讲做好事的说教而是用理性来对待社会现象的科学。我作这样的推测不知道是否符合老师的原意。我这样揣测是出于我回想起我在高中念书时所喜欢阅读的当时的科学和玄学的论战文章。当时我一知半解地站在科学一边，把它当做真理一般来对待。那是“五四”的余波，来源出于当时由胡适引进的杜威这些西方思想，认为科学就是讲理知，也就是讲道理的，和迷信联系在一起的玄学相对立。用我国当时的意识形态来推测派克老师的用心，可能有一点史距和时差上的错误。但如果我的揣测有一些道理的话，20世纪的头10年美国的思潮就和我们“五四”之后的10年差不多了。当时美国的社会学派作为一门科学还在成长之中。

接下去我们可以看看派克老师怎样开始编写这本教科书的。1916年这段时间里派克老师已经在芝大开课，上堂讲学了。除讲种族关系外新添了几门有关新闻媒体和城市调查等课程。这年发生了一桩偶然事件。在芝大社会学系来了一位新得博士的青年人，年方三十，被聘为助教，而且还要他开讲一门社会学的引论。按我在上面的说法，由这样一个年轻助教来讲《引论》似乎是出格的，因为这一门入门课程一般不会交给这样一位新手来担任的。这位新手名叫伯吉斯（Ernest W. Burgess）。他当时也感到很困难，所以去找一位讲过这门课的Bedford教授，想要他的讲授提纲做参考。Bedford教授却拒绝了他。他不得已回头来找派克老师，当时派克老师已52岁，这位老教师却一口答应合作，因为他对当时流行的社会学入门课本很不满意，认为太不够水平，而且太沉闷无味，引不起读者的兴趣。其实我猜想他还有一个更深的想法，因为他看中了芝大的这批青年学生。认为他们有朝气有创造性，正可以吸引他们进入他念念不忘的思想领域里的探险，成为一股创业的力量。

为什么我这样猜想呢？理由是我在以上的札记中已伏了根，引用过他给他儿子的信，和他一再表示的要利用他在大学里这个职位来整理他知识库里的贮存，形成一个理论系统。他认为这位年轻讲师伯吉斯的请求正是他自己的创业机遇。

派克老师对编写这本《引论》是十分认真的。他在这本书的序里就开门见山地说出了他的志愿。他说："这本书不应看做是许多材料的堆积，因为它是一个体系的论述。"这个体系的论述由一系列包括了从广大社会组织和人们生活的事实里提炼出来的社会学概念所构成的，这个体系就是社会的科学（science of society），社会的科学是派克老师心目中的社会学，也就是在这本书要引导学生们进入的成为一门科学的社会学。

为了给这门科学在诸多社会和人文科学中定一个位置，他在全书的正文之前加了一章称做《社会学和社会科学》。他所说的科学的社会学是由一系列概念所构成的一个体系，也就是这本《引论》主体部分从第二章起到十四章，包括构成一个体系的13个社会学概念，每章讲一个概念。他在该书的序言里说：

除了第一章外，每一章都包括四个部分：

(1) 引论；(2) 资料；(3) 研究和问题；(4) 参考书目。前两个部分目的是引出问题而不是作出答案。其后两个部分是进一步启发提出问题和阅读资料。参考书目主要是为了提出的问题存在着不同的观点所以选择一些著作以供参考。

总之，派克老师心目中是为指导一个新加入这个学术队伍的人怎样一步一步地踏进这片知识领地。他一刻也不忘记这是一门正在成长中的学科，没有现成的定论可以用来灌输进新学者的脑中，只有启发他们用自己的观察和思考去耕耘这片土地。但作为一个指导人，他要用自己的思想以及前人的成就去引导他们进一步思考和讨论，逐步形成自己的思想成果，充实到这门学科中去，促其成长。这是一种启发性的教育方法，是派克老师的老师杜威所提倡的。

更令人感到这位老师对学生们的关心和厚望的，是他在每一章的最后还要提出一系列可以作为写作的论文题目作为结束。从启发性的导言开始到论文题目的提示，划出了一个学习的具体历程，也是一门学科的具体生长过程，派克老师在开风气、育人才的事业上真是做到了家，实在令人惊叹不止。

我在补习这本《引论》时一直感到一种大师的魅力，我不仅看到了这是一本1040页的大书，而且还看到这一本从1921年出版起到1970年还在重版的经久的读本，半个多世纪中不知有多少本书传播在这个世界上，也不知道有多少人从中学得多少关于人类社会生活的知识，帮助过多少人因为得了这些知识而提高了和丰富了他们生活内容。这笔账在事实上是存在的，当然我是不可能用数目来表达出来了。

让我们再回到1917年补说几句，派克和伯吉斯，一老一少一起在芝加哥大学社会学系开始按他们的设想，开班授课了。当时这书还没有成型，只能一面按期上课，在班上用散张印成的讲义分期分发给学生，按着上面所说的过程进行学习。每上完一段课，这两位老师引导着学生们进行讨论和写报告，收得了一个个学生的反馈。两位老师合作修改讲义。一年复一年，一班复一班，经过一次又一次的修改，他们把广大的学生引进了编写这本《引论》的队伍，也就是建设这个学科的圈子里，由于派克老师特别重视讨论时要结合实际生活发言，通过这样的反复试讲和讨论，积聚的智力能量是不易计算的。这种编写课本的方法也许是派克老师所独创。在这种方法里出力的人是众多的，受益的人为数更多。

到了1921年，经过了5年的试教，这本《引论》才改变用油印散张分发讲义的形式，由芝加哥大学出版社印成书本正式出版发行。现在我手上的这一本绿色布面的精装本是1932年6月发行的第三次重版本，由吴文藻老师在美国买来和后来保存并传给我的。

我手头这本书，全书共十四章加上附录的参考书目、拟出的论文题目和讨论的问题，一共是1040页，真是沉甸甸的一厚本。据有人统计其中所搜集的资料摘要共196篇，所引用的著名学者有10位。说是一个教科书，其实也可以说是一本社会学的大百科辞书。

他并不满足于这个社会学的体系，总是说作为一门科学，现在还没有达到成熟的程度，他引用E. Westermarck在1901年说的话，“社会学是一门年轻的学科”。他接着这个意思说社会学是个在成长中的科学（science in the making）。他把20年代的社会学比做在引进实验室之前的心理学和在Pasteur发现细菌之前的医学。因为他看到当时社会上发生问题时还是靠常识来应付，并不经过客观研究和用实验方法去对待。这使我回到上面提到的为什么他把这本入门的课本称做《社会学这门科学的引论》。

这本《引论》可以认为体现派克老师愿意当社会学这门科学的保姆的角色。他竭尽全力想方设法去培育它成长起来。他充分意识到这项工作的艰巨，所以他采用动员一切可以动员的力量来充实到这个学科的奠基工作中去。这本《引论》的编写过程中还要自始至终拉着伯吉斯这位青年人合作，并列为该书的著者，而不愿单独具名。这又是值得我们深思和学习的学者之路。

众口交誉的老师

上一节札记里我讲到了那本我用来作为补课入门的课本，也是一般认为是派克老师成名之作的《引论》时，在那节札记结束时提到了这书的著者问题。过去我们在燕京大学曾听过派克老师课的这辈年轻人中，总是喜欢提“派克社会学”的说法。派克老师返国后，1933年我们这批学生还出过一本纪念集，直称之为《派克社会学论文集》。在当时心目中这本《引论》就是派克社会学的代表作，也奉之为社会学的经典，而实际上这本著作却并不是派克老师用个人名义出版的。现在翻开这本厚厚的大书，可以看到首页书名之下所标明的著者明明有两个名字，一是Robert E. Park（派克），接下来是Ernest W. Burgess（伯吉斯），说明这是本集体著作，至少是两个作者共同的成果。这件事在我补课时，引起了我的注意。我在上一节札记里已讲过这本书产生的经过。首先是出于伯吉斯的要求，派克老师同意和他合作一起开课，那是1916年的事。按他们共同制定的授课方式和大纲，并一起编定讲义，用油印的散页在班上发给学生，再通过和学生一起讨论，逐步修改。经过5年的试讲，到1921年才正式成书出版，其后又多次重版。据说经过半个世纪至1970年还重版了一次，这时派克老师和伯吉斯已不在此世了。

这本《引论》其实不仅出于派、伯两人之力，说是集体之作是一点不过分。这个集体还应当包括他们班上所有参与思考和讨论的学生。但是话还得说回来，这个集体中主导的领导，不仅出力而且出思想的，我想还是以派克老师为主。可是他意识到这是依靠集体的力量来完成的，所以不愿以个人名义独自居功和负责。他这种精神对我国当前的文风是很有教育意义的。我国当前学术界竟有自己不动手而在别人作品上签名为著者，用以达到沽名钓誉、提级加薪的风气常使我十分痛心。因此，我在写完上节札记后，还特地翻出罗森布什的派克传查阅所附派克老师的著作目录，发现他那些重要的传世的著作都一如《引论》，都是用若干著者的名字并列的方式行世的。比如为汤麦史恢复名誉的1951年重版的《旧世界特点的移植》是用派克、汤麦史和密勒三人具名为著者的，又比如被誉为城市社会学奠基之作的《城市——在城市环境中的人性研究的建议》是派克、伯吉斯和麦根齐三人具名的。避免独自居功的精神似乎已成为派克老师的惯性，充分表现了他在个人事业里重视社会的作用，也可认为他自己对社会学的活学活用的一种优秀表现。在道德水平上说和那种假冒伪劣的世风，作出了事实上的贬责。

他这种不自居功乐于成人之名的雍雍大度的风格使他和别人合作同工时产生一种强劲的亲和力。同时也加强了伙伴间的凝聚力，反过来他在同人间也形成了一种吸引人的魅力。在他周围总是融融的一片相互吸引的团结气氛。充分表现在他的学生们对他的热诚敬爱之心。

有一位朋友知道我在温习派克老师的社会学著作，特地给我送来一份复印件，是他偶然在一本《美国社会学传统》中见到的。那是这本书的第四章，是Helen M. Hughes所写的介绍派克老师的文章。我没有见到那本书的原本（所以不知道该书著者是谁），这篇文章的作者我知道她和我在1979年在哈佛大学附近见到的和送我那本派克传的Everett C. Hughes是一家人。她在文章里说她是派克老师1920年时的学生，跟他往来有5年之久。她一贯用当时一般学生对这位老师的尊称做“派克博士”。她记得这位老师把“教室变成了酝酿新思想的园地。他要求每个学生都做实地调查，做有系统的观察和记录”。

这位休斯女士在文章中还记着派克老师和伯吉斯和学生们一起听神经学教授C. M. Child在一个研究生的集会上的演讲。讲到某种昆虫的神经系统时指出昆虫的各种本能冲动怎样受大脑这个中心的指导，大脑接收外来信号后向全身做网状辐射。派、伯两位老师当场就采用这个观念并应用到都市研究上去。他们说都市就像一个生物体，道路等于神经系统。城市的中心地区通过道路影响边缘地区和邻近城市。Child教授后来又说外来的新事物是通过中心来带动外围的，两位老师接着就发挥说，城市中心对新事物、新生活方式、新人口、新消息、新资料的抗拒力最小，所以最容易被侵入。这些新东西再从中心送到四周，形成邻近的“转型带”，一波一波地向外推广，直达郊区。

上面这段回忆生动地说明派克老师是怎样从多方面去接受新的思想观点和概念来充实他自己的社会学。所以这位学生说："我们的老师事实上等于一个师生合作事业中的资深伙伴……派克博士的角色是开头带路。"

她又说："派克博士上课从来不读讲稿，他的很多观念是在讲堂上根据一些手写的笔记当场发挥出来的……他也常讲记者时代的轶事给大家听。他对于田野工作乐之成癖，永不厌倦。"

这位学生把这些细节写下来的目的，是要说明"派克博士把学生当同事看待。他和学生经常保持联系，对每个人的研究工作都很熟悉"。

这位学生最后说："他是一个真正的学者，谦虚为怀，毫无骄气。他为人合群而有活力。做起事来总是兴致勃勃，毫不拘谨。"

另一个1915年起就长期跟随他学习的黑人学生约翰逊说：

我在他那门《群众和公众》的课程上最

初相遇，我们过去并不相识，对他的为人更不熟悉，但在课堂上我却被这位老师抓住了，真是心悦诚服。不久他那种平易近人、一见如故的态度吸引着他的学生们，我就是许多有机会一直跟随他一路请教、不断交谈直到办公室的学生们中的一个。有一次一同散步时，我发现自己似乎茅塞顿开地懂得了怎样用自己的经历和思考融入广泛的社会知识之中。我油然地觉得有一种豁然贯通之感，一点不觉得是外来强加于我的。这种师生之间的关系等于是朋友之间的友谊。

1924年有一个美国南方来的学生名叫汤姆生的，来念派克老师那门关于美国黑人的课程。他在派克老师办公室里听他和学生们谈话，他记下他的印象："一个学生来找他请教有关论文里的问题。派克博士却总是反过来问他个人的经历，一生的背景，他一直不断追问，最后这个学生突然想起了一些过去从来不觉得有意思的往事，像点着火一样把自己的意识燃烧了起来。”

这位老师一般总是平心静气地和学生对话。但有时他听得不顺耳时也会跟人顶嘴，但从不记在心上。比如一位名叫卡伊顿的学生，他是美国第一个黑人参议员的孙子，有下面的回忆：

> 我最初是在太平洋海岸华盛顿大学里遇见派克的。有一位教授介绍我和他谈话。我向他说我对黑人历史有兴趣。他回答我说黑人哪里有历史。这使我大为震怒，我回答他说，人都有历史，即使是我坐的那把椅子也有它的历史。我从此决心不再见他了。但几年后我到芝加哥大学，走进他的办公室。他张开两臂欢迎我。原来他当时是想触动我

一下。

后来这位学生和Drake合作写了一本关于芝加哥的书，书名是《黑人的都会》。

派克老师是颇为幽默的人，他最讨厌装腔作势、心胸狭窄的人。他不时用嘲弄的口吻来讽刺人，目的是在激动他。所以有人说他和萧伯纳很相像，甚至把两人的姓联在一起。

有个名叫Noss的学生，是个日本传教士的儿子，发现下午5点站在社会科学楼出口处，准能碰到派克老师，而且可以跟他一起沿着大路走回家，可以有好一段时间跟他谈话。Noss记得每次走到他家门口，他总是规规矩矩地向你告别。“我多次这样截住他，我喜欢这样做不仅是可以有机会和他说话，而且可以感受他的热情。”

我听到有不少人说派克老师的名气是得之于他出名

的学生。这句话有一定根据，如果查阅派克老师的著作，一生并不太多，如把他和我在英国的老师马林诺斯基相比，那就很显然，马老师在我在英国留学期间，几乎每年可以读到他的新书。而派克老师一生并没有出版过多少出名的著作，如我上面所说的，即使有重要的著作也常是做集体成果出版的，但是他的学生中却有许多是出名的作家，而且有不少著作是畅销书。在上面就说过，我记得在燕京大学初次上他的课时就向我们说，他不是来教我们读书的，而是教我们写书的。这句话并不是随便顺口说的话，而说的是实话，他真是这样做的。他自己固然没有写过多少书，但的确教出了不少能写书的学生。

学生造就老师，还是老师造就学生原是同一件事的两个方面，出于视角不同而所见有异。派克的接班人之一也是他的一个学生，Herbert Blumer 说，在他看来“派克博士对美国社会学的强烈影响来自他的著作，远不如他对学生的身教和口授”。派克老师自己也同意这个看法。派克老师的本领是在善于因材施教，跟他学习的学生并不都是出众的人才，但是他能培养出出众的学生。E. 休斯曾注意到派克多次说过，“社会学要前进，就得充分发挥现有的人才，并不能等待招到更优秀的学生。”

派克在1937年回答Louis Wirth向他请教“教育的方法”时，在最后的结论里他特别提到“教师要有想象力。一个对人富于洞察力和理解力的教师可以对学生发生强大的影响”。意思是做老师的人是要能真正理解学生为人，这正是说出了派克老师自己的体会。休斯说：“正因为这位老师能设身处地地懂得学生，真像是钻到了学生们的心里去一样，他才能感动学生，使学生跟着老师所指的方向走，成为一个老师所想培养成的人才。”下面我再说一段受他指导的一个中国留学生的回忆。这位留学生名叫戴秉衡，我在燕京念书时就听吴文藻老师常提到他，虽则我并不认识他。他的回忆里说：

我是1929年秋季作为一个中国政府资助的留美学生到芝加哥大学来学习的。我很认真地想学到一点关于人性和教育的知识。我战战兢兢地初次踏进派克老师的教室。使我十分着慌的是这位老师一上来就发给我们每个人一张题目纸。纸上写着一连串社会学的概念，要我们依次写出自己的理解。这些概念我都没有学过，我只能交了白卷。我想这一定会引起这位老师的失望，所以心里就想打退堂鼓了。我在下一堂又去上这课时，他又冲着我们学生每人发了一张复制的印件，写着一个失足的姑娘的故事。他要我们每个人都写一篇对这个故事的想法。我就凭着自己真实的思想写了下来。过了一些时候，派克老师在上课时，把我们交他的答案发回给我们。使我大吃一惊的是他当众说全班只有我这一篇文章对这个姑娘失足的故事分析得最真实。而这个班上大多是来读博士学位的学生。从此，派克老师每次在校园里碰见我时一定要问我是不是Mr. Dai，当我回答没有错时，他总是会对我说，你有分析能力。经过了几次对我这样的说后，我也开始有了信心。结果我就坚持跟他学下去，直到1935年，在他指导下得到了博士学位。我的论文是《芝加哥的吸毒者》，派克老师指导我走上这条心理社会学的研究道路。这时是在社会心理分析学这门学科盛行之前。

我在昆明跟吴文藻先生工作时，还听到过想请他回国到燕京来开展社会心理学的研究，但是后来就没有下文了。如果没有这次抗日战争，燕京大学不停办，说不定派克老师会通过这位学生，在中国传进社会心理学这门学科。

再说《引论》

这本《社会学这门科学的引论》是以一本芝加哥大学社会学系给新入学的学生入门的教科书的面目出世的。芝加哥大学是美国设立社会学系的第一所大学，那是在1892年。《引论》在1917年开始由派克和伯吉斯一起开课讲授，到1921年才由芝加哥大学出版社印成书本发行，离芝加哥大学社会学系成立已有29年。这29年正是这个社会学系从占先发展到领先的过程。一般把这个大学里所讲的社会学称做美国社会学里的芝加哥学派。这个学派不但有它的特点，而且被认为标志着美国社会学的成熟和后来发展的基础。Robert. E. L. Faris 在

1967年写了一本介绍芝加哥学派社会学的书称做*Chicago Sociology 1920–1932*，著者把这个学派的开始放在1920年，正是《引论》行世之前的一年。不论这个学派的来源和《引论》有没有直接的关系，但是不成问题的是这本《引论》从20世纪的20年代起代表了芝加哥大学社会学的旗子。也是在这时期由于这本教科书被美国很多新兴大学所接受，作为社会学的入门读本，同时又正处在第一次世界大战结束，大批退役的年轻军人受政府资助，分配到大学里来学习，各大学里学生人数大增，社会学这门新的学科，吸收了一大批人才。芝加哥社会学系也提供了各大学新开办的社会学系的师资。这些客观的条件助长了芝加哥社会学派的名声。加上芝加哥大学在成立社会学系之后又成立了美国的社会学会，出版了《美国社会学杂志》。这个杂志又有个规定由芝加哥大学社会学系负责编辑，而且成了一个传统，直到1936年另有一个《社会学评论》出版才取消它的独占地位。从

1895年开始，一个学系、一个学会、一个杂志三位一体奠定了一个学术界的主导势力。

在美国社会学史上，芝加哥学派在20世纪20年代的领先地位是公认的。对取得这个领先地位，派克老师出的力是难于低估的，他编辑了这本入门课本是其中重要的一项。经派克老师用这本《引论》培养出来的社会学者的人数我没有统计数字，但是后来在芝大的那些出名的社会学家，几乎都自称是派克老师的学生。他的一批学生确实占据了美国各大学教社会学的教师中很大的比例。我1982年初次访问加拿大时，也沾了这位老师的光。当时我在各大学里被介绍给大众时，总是带有一句“这是派克博士的学生”，因而受到另眼相看。

上面提到的那位Faris在那本书里说：

> 派克和伯吉斯所编的那本著名的《引论》，被很多的社会学者认为是所有社会学著

> 作中最有影响的一本。在这书出版的1921年之前所有社会学概论的内容都是各说各的，相同之处不多。现在凡是各大学讲社会学时内容都和这本书相符合，而不同于早期如Small、Ross、Giddings和Ward所写的了。1921年以后的美国社会学，在方向上及内容上主要是按派克和伯吉斯这本书所定下的……这本书给社会学的领域规定了范围。使一个初学者知道从哪里入手去寻找、累积和组织关于这学科的知识。

用另一句话说，《引论》真的做到了初学社会学的人的引导者。这就是派克老师想做的事，而实际上他做到了。

这本《引论》在美国社会学的发展史上已成为一个里程碑，是可以肯定的。当然如派克老师一再说的，社会学还是一门成长中的科学，什么时候长成，到现在还难说。这本《引论》对派克老师本人来说并不是个句号，只能说是个逗号。作为一个思想探险者，走到这里可以告一段落，但并没有结束。在年龄上说他这时还没有到60岁，在他的一生中，还刚走过了一半多一些。

派克老师作为一个思想领域里的探险者，按他自己说是从他在Michigan大学二年级时，大概是1885年，遇到把他带上这条路的杜威博士时开始的。他在学校学习的时间是比较长的。1874年才进小学，那时他已有10岁，到他在Michigan大学毕业已是1887年，23岁了。经过11年的记者生活还进了哈佛大学研究院以及到德国去留学，1903年才得博士学位，已经是39岁了。又经过10年，到1913年才进芝加哥大学，安定下来整理他用了将近30年有意识地观察人们社会生活得来的问题和见识。就是当时他积存在思想库里的储蓄。这时他已经49岁，实际上他已度过了一生一半以上的时间了。

这本《引论》在他一生中可以说是一个逗号，因为他已走到了作为思想探险者的半途了。

如果说他探险的目标是理解人生，也就是创立一个对人类社会生活的科学认识，即建立一门科学的社会学。这个目标虽则还不能说已经达到，但是他认为已在长成之中，也就是说已有了个底子，加以培养，可以逐步成长的了。探险的路尚未走完，但终点是已可以望见了，所以说不是句号而是逗号。

派克老师对这本《引论》在他一生事业中的定位是自觉的，有自知之明的。他已看清已走过的道路和还要前进探索的那一段。在面向未来的同时，他常想到这本《引论》怎样能跟着不断翻新。1932年11月5日他从太平洋旅行回国时坐在Chechaho Maru号船舱里给留在芝加哥大学的Louis Wirth教授的信上说："我很想和你及伯吉斯一起研究一下这本《引论》的未来。作为一本教科书，已讲到了这些概念。这些概念在思想领域里经过新的研究正在生长和变动。这本《引论》怎样跟上去?”

后来他说他觉得这本《引论》不宜再扩大了，而应当加以精炼。可以考虑把十四章浓缩成四个部分：人的本性、社会区位学、个人的社会化和集体行为。他认为：“在这个计划中，这本教科书可以一次又一次地重写和重版。老的概念要以新的发现来评论和重写。这可以成为一个惯例。每一个部分可以由专门的编者分别负责。”

他这个主意并没有实现，因为到了1970年还是按老版本又重印了一次。但是这个想法，他并没有放弃，而且在其后的日子里还在向这个目标推进，这是后话了。

另一本老师的杰作

我在这本《补课札记》的第一节里已经说过，我从吴文藻老师的遗书中按他遗嘱挑选了两本书留作纪念。这两本都是派克老师的著作，一本是前几节札记里所提到的《引论》，另一本是《论城市》。这两本书是我用来作为这次补课入门的进口。

《引论》是有1040页厚厚的一本大书。《论城市》和它相比显得又小又薄了。说它又小是因为它是32开本，《引论》比它大了一级。说它又薄是因为它只有233页，不到《引论》的1/4。但是在我读来，它们的内容却在伯仲间。目的和格式又是基本一致的。《论城市》的目的是在引导想学社会学的学生们怎样从社会学角度去研究现代城市社区。范围比《引论》为小，为专，不像《引论》那样概括和全面，所以也可以说是一本从《引论》基础上发展出来的专论。

这本专论和那本《引论》的产生经过却不同。《引论》是出于伯吉斯要开课求助于派克而结成合伙的成果。这本《论城市》是派克在自己已发表的几篇论文的基础上长出来的。关于它的来历要翻出一些旧事来说一说。派克1913年接受汤麦史的推荐进入芝加哥大学，但是由于一些我不知道的原因，当时社会系的主任Small只能用神学院的教授级讲师（Professorial Lecturer）名义把派克接纳到芝加哥大学。这个名义是个没有教授权利的教师。在英文里说是without tenure的。在这个职位上他一直呆了10年。到1923年才升为正式教授。在这段时期，他有充分的时间从事思考和写作。《引论》是从1917年开始编写和试讲的，到1921年才出书，可说就是这段时期里的学术成果。

《论城市》这本书是1925年出版的，这时他已经升为正式教授了。但是这本书的形成却在1915年。派克在这书的序言里一开始就说："若干年前有人要我为研究现代城市里的人性和社会生活写一个提纲。这本书的第一篇就是为满足这个要求而写成的。"这篇文章最初分散发表在美国社会学会的会报及其他刊物里。后来加以修改和重写成为这书的主篇。

1915年到1925年其间相隔10年，把10年前的旧作重新亮出来，出于一个不平常的机缘。旧文重亮和派克老师在1923年取得教授地位这件事是直接有关的。当他还是"教授级的讲师"时，他不仅各方面的待遇上都是比教授差一筹。他能在社会学界破土而出是以他1923年升为教授开始的。1925年他就被选为社会学会的会长。作为会长有权决定学会将在该年12月召开的年会上讨论的主题。派克认为这是他推出城市研究的时机了。他从存稿中把10年前写的论文揩去尘灰进行修饰抬升为这次会上的主题论文。而且在开会前一个月，这本用这篇文章为书名的书也编成并交芝加哥大学出版社及时出版了。派克老师在11月2日已把这书的序言写出，赶上12月学会开年会时这书出版发行。

派克老师在这时不忘旧交和引进他进入社会学阵地的恩情，特地邀请汤麦史到会宣读《在都市环境中的个人特性问题》这篇论文。汤麦史自从1918年被诬告而脱离芝大之后从来没有参加过社会学年会。他这次出席等于是美国社会学界为他恢复名誉和地位，即等于我们这里所谓“平反”。当时在社会学界引起了轰动。派克老师这一着也受到了公众的赞赏和尊敬，因此派克传后记的作者E. Hughes 称之为“派克社会学事业中的高峰”（the acme of Park's sociological career）。

这本《论城市》实际是为当时社会学芝加哥学派揭幕。这是一本论文集，除了学派的主帅派克自己带头领先抛出上述的这篇为都市社区的社会学研究奠定方向和道路之作外，还有派克在这段时期里写的三篇重要的论文，一篇是《报纸的自然史》，不仅总结了他11年的记者阅历，而且是预为21世纪信息时代作了报春的先声。还有两篇是关于城市居民的心态分析。他除了他自己的论文之外，还选用了他的老搭档伯吉斯的两篇文章和准备和他合作编写《人文区位学》一书的麦根齐的一篇关于社区的区位分析的文章。特别值得引人注意的是最后一篇由他的得意门生 Louis Wirth 汇编的关于城市社区的著作目录。这篇目录有168页，占全书近1/3的篇幅。它简直是有关城市研究的指导性的参考文献目录。全部目录分11部分，从城市的定义、发展史和分类到它的腹地，和本身的结构和发展，以及城市生态和居民的心态，几乎把城市研究全面都包括了进去。有了这笔总账，如果按次序的参考阅读就等于读了一本城市学的引论。而且编者还像那本《引论》一样，每一个部分都发表了编者的导言，讲述了这一部分的意义。各部分的导言加在一起，其实是一篇很完整的“城市社会学”的引论。编者这样做表示他从派克这位老师那里学到了社会学这门科学的精神。

这本《论城市》还是一本集体创作。用四个作者的名义出版。他们正是美国社会学芝加哥学派的主将。

上面我已说过，这本《论城市》不仅为“城市社会学”揭了幕，而且事实上带头引导出一系列在派克这位老师所指导下写出的专刊，大多是芝大社会学系的博士论文。这一系列专刊都用《论城市》的形式，同样大小，差不多厚薄，一式装订，只是书面的颜色不同。这一系列专刊构成了一套社会学丛书，为芝加哥社会学派摆开阵势。我在1943年初访美国时曾买过一套，但没有时间加以细读，后来这些书都在文化大劫中被抄走了，现在我只留了一个美好的印象。

未完成的种族关系研究

派克老师1917年在美国参加第一次世界大战期间曾被邀进行过一段对美国欧洲移民的“美国化”的研究工作。他利用多年和新闻媒体的关系开始研究美国几个大城市里移民们用原籍语文出版的当时称做“外语报纸”。他看到当时一个从欧洲大陆移入美国的人，要经过一个文化适应过程才能融进美国人的社会生活里。这个文化适应过程中常常出现当时美国各大城市里常见的有如“唐人街”一类保存着原籍文化传统的移民社区。所谓“外语报纸”正是这个过程中的一种现象，他研究了“美国化”的具体过程。同时也为正在成长中的社会学提供了宝贵的内容。后来这项美国化研究又扩充了内容，包括追踪移民生活中原籍传统特点转化的研究，因而引进了派克的老朋友汤麦史成为合作伙伴。结果完成了被认为是传世之作的《旧世界特点的移植》一书，以上种种我在本札记的前几节里已经讲过，不再重复了。

我在这里提起这段旧话是因为所谓移民的美国化问题，实质上和派克在美国南部研究的黑人和白人的种族关系问题，都是不同文化从接触到融合过程中出现的问题。在常被称做“种族熔炉”的美国，这个问题是它特殊历史造成的，至今还没有消解，因之它一直富于政治含义。派克老师既要在美国发展社会学这门学科，他的一生自始至终无法回避这个问题，而且这个政治意义极深的问题也决不是他一生中可以见到终结的。他的“美国化”研究的草草结束，而且还有点不欢而散，是可以理解的。尽管如此，派克老师在研究过程中却发展了他的社会学。历史的现实使这一代社会学者无法不面对这世界人类的多种文化，从对立、接触、冲突到调协、融合的过程，而又无法摆脱由这个历史过程对研究者个人的冲击，派克老师的一生正是这段历史的例证。

从美国历史来看，500年前这片美洲大陆在欧洲航海的冒险者看来，还是一块“新大陆”。这种看法和说法都和客观事实不符合的。在500年前这片大陆已有很长时间有相当密集的人类居住，而且发展了有相当水平的文化和相当繁荣的经济。但初次到达这大陆的欧洲航海冒险者眼中没有看到，心里也不愿承认当时的现实。他们在这块“新大陆”把美洲原来的居民消灭了或征服了。为了引进在这里开辟土地所需要的劳动力，从非洲掠夺大批黑人进入，并建立了奴隶制度。这是美国当前所谓黑人和白人之间的“种族问题”的由来。其实都是来路不同、时间不同到达这“新大陆”的不同民族集团间的关系问题。从欧洲来的移民中又有原籍不同，入境先后的差别。先到的大多是欧洲西部大西洋沿岸的白种人，其后离海岸远一些的中欧和东欧内陆国家的居民一批批跟着移入美国。在美国立国初期，所谓种族问题主要是指黑人和白人之间的矛盾所引起的。接着在20世纪初期因为发生了世界大战，美国参战，而国内有着原籍不同的欧洲移民，各自在生活方式上和感情上归属于对抗的阵线，于是发生了“美国化”的问题。派克老师作为社会学家被拉进了这个“美国化”研究计划之中。那次“美国化”研究计划虽然以不了了之而告终，但美国的历史还在发展，过去长期以来所碰到的“种族问题”在新的时期里也以新的面貌继续发展。第一次世界大战结束后，太平洋上的航运日益发达，加上美国西部经济的大发展，东亚诸国，特别是日本人和中国人大批涌入美国西部沿太平洋诸州，和当地原有的农工劳动力在就业上发生了激烈的竞争，又以“种族关系”的名义成了20年代当地的一个火爆的社会问题。

1923年夏天纽约有一个称做“社会及宗教研究所”

的民间团体找到派克教授，邀请他参加他们的太平洋沿岸各地的种族关系调查计划。这个研究所的主持人名叫 G. S. Fisher，原来是个在日本宣传基督教的传教士。这时因为这个地区主张排日的团体酝酿利用立法手段限制日本移民，那些反对排日的团体也团结了起来进行对抗，移民问题已成了当时的一个政治问题。

派克不是美国沿太平洋各州的人，但对种族问题是熟悉的，而且1918年曾为研究“美国化”问题到这一带视察过，而且访问过东亚移民。他已注意到所谓“美国化”问题的另一方面就是“种族歧视”。他在1914年为Steiner的《日本人的入侵》一书所写的序言里已经说过“种族歧视是一种本能性的自卫反应，目的是在限制自由竞争”。他一向主张用他所熟悉的社会学公式：“竞争、冲突、调协、融合”来研究移民问题。他认为美国太平洋沿岸地区的白种人和亚裔移民的“种族问题”并不例外。根本原因是在该地区开发过程中这两类人的生存竞争，东亚移民的耐劳吃苦，当地的白种人比不过，因而为了保住就业机会乞求政治支持，于是形成冲突。最终解决这矛盾的路子，还是在加速调协和融合，也就是当时派克所研究的“美国化”过程。

派克老师成竹在胸地接受Fisher的邀请，同意参加社会及宗教研究所的太平洋沿岸地区的种族关系调查计划。他参加的步骤，是按他熟悉的社会学调查方法，首先是实地观察。他从1923年秋起就开始到美国西海岸做实地访问。他找人谈话，找机会家访。一面看，一面记。访问记录中保存了他这次调查的见闻和思考。他特别注重所访问对象的思想和态度，以及他们的身世和经历，下面可举些例子。

1923年11月12日他见到驻西雅图的日本领事Ohashi，这位先生认为世界上的纠纷其实很简单。这个世界精神方面的组织跟不上物质方面的组织。西方个人主义太多了。因而认为现代文明不会持久，派克自己在这次会谈中也有启发。他把当地的日本移民和美国南方的黑人相对比，认为日本移民太reserve了一点，reserve一词相当我们所谓矜持的意思，不同于外露的对抗，而是内心的保留。美国南方的黑人对当地的白种人已经从力屈进入于心服，即使在他们对那些一时只有逆来顺受的事，也常以幽默态度加以自嘲。他们心里并不一定乐于接受，但由于明知无力抗拒只能勉强自己予以顺从。日本移民的心态还没有达到这样的地步，口上可以不出声，心里还是不甘服输。派克老师这样的分析值得我们学习，他怎样深入到研究对象的心态深处。

另一段是关于一个华裔少女的访问记录。这位少女名叫Flora Belle Jan，是一位比较开放的华裔姑娘的典型人物。她给派克的一封信中说：

至少在加州，我想和美国人真正交朋友是不大可能的。我是中国女孩子中闯进过美国家庭比较最多的一个，我所遇到的美国人一般是和好的，当然也听到过一些不太令人舒服的话。可是最近我和一个出身很好的美国青年相结识。我很喜欢他，他也很喜欢我。但他多次和别人说常常不能接受我的约会，因为他的姐姐有个小圈子，不能容纳我。有时我想我本来不应闯进这个西方的世界。有一天早上我睁开眼，发现自己仿佛搁浅在外乡人的土地上。

派克记下说，这孩子碰到了种族歧视了。这是一道难于穿透的障碍。有一个华文报纸的记者向调查组说："自从我到了加拿大，当地人对我们华人的污辱，我已受够了。我在报纸上屡次提出抗议，但是30年来他们却一次也没有答复过我。"

派克老师通过这样的实地观察，搜集事实，像一个有经验的医生，开始对这个地方的病情做出诊断。他认为这个地区的不同人种之间已经从竞争进入冲突，虽则还没有动武，但已经动了感情。双方个人的成见形成了集体的歧视，对抗的热度已经相当高了。

派克的访问记录里还有一个例子说明个人感情的好恶怎样变成对种族的成见，又怎样发展成种族歧视。他在1924年1月31日访问了加利福尼亚州的一个牧场，主人是一个白种妇女，名叫Kate Vosberg。她是在一个中国保姆手上长大的。她对中国移民很亲热，但不喜欢日本移民，因为她曾雇佣过一个日本人做帮工，这个日本人拿了工资不告而别，后来又在附近另一家牧场上出现了。从此，她总是讨厌日本人。她和派克说："一个人对某一种族都有天生的感情，喜欢或讨厌。我喜欢中国人、墨西哥人以及黑人，但就是不喜欢日本人。"她的儿子曾在哈佛和牛津上过学，说他的妈妈对不同种族有不同的成见，个人的偏见。派克接着说："问题就在什么场合引起这种偏见的。”我体会这段对话的意思是个人间的好恶都是具体经历造成的，但是个人关系可以化成了种族关系，个人的偏见可以化成群众性的种族歧视，其间有个社会过程。研究者应当抓住这个过程。

派克认为如果群众能明白这个过程，防止个人因生活中发生的具体事情而形成私人间的好恶转化成集团间的相互歧视，种族关系是可以避免发生对抗和取得协调的。这是他应用社会学理论来改变历史事态发展的见解。

1924年5月26日，派克计划中的这次种族关系的实地调查刚进行到一半，消息传来，美国国会已通过了限制日本移民的法案。两个月后派克收到了东京大学一位教授的来信，告诉他东京美国大使馆前有日本人以自杀来抗议这个排日法案。派克在1926年5月份公开发表他反对排日法案的文章，题目是《在我们的面罩背后》，斥责这个法案在人类精神领域界所造成的破坏作用是不可估量的。

这个排日法案对这次派克所参与的种族关系调查是个致命的打击。正如该计划的一位负责人给 Fisher 的信上说的:“这项调查原来的打算是一次‘病情诊断’而现在已成了‘尸体解剖’。”作为社会及宗教研究所所组织的太平洋沿岸地区的种族关系调查到此也宣告寿终正寝。虽则欠派克及其调查人员美金两万元的账没有归回。

1924年8月派克离开太平洋沿海地区。他在给汤麦史的信上说“这一年真是‘a strenuous year’”——“鞠躬尽瘁”的一年。其实对这位老师说这个结果也不是出于意外的。美国的种族关系上出问题不是从那时开始,也不可能以那时终结。这是美国的痼疾,怎样了结直到现在还是没有人能下结语。对一个社会学者的派克老师来说,作为一个思想领域的探险者,不过又是一次新的探索,得到的启发和知识还是满载而归的。如果还记得我在上一节里所说的，1925年正是这位老师“社会学事业的高峰”的话，他在社会学会上众口交誉的热烈情况正是在他从太平洋沿海调查结束后发生的。人世的顺逆就是这样交错着发生的。

跨越太平洋

美国太平洋沿岸的种族关系调查中途夭折，1924年秋季派克老师挂印东归，从旧金山回到芝加哥。从他一生事业上说这次调查没有获得预期的收获。他在一年多时间里，动员了从洛杉矶到温哥华沿岸的12个大学的教师和210名工作人员分别在各地参加了这次调查，写出了600份报告，一共有3500页。在当地知识界是一次空前大规模的合作行动，对社会上的影响是巨大的。

对派克老师本人来说，他早就心中有数，种族问题在美国是个长期历史形成的深入肌脏的痼症，决不是短期可以治疗平复，但他相信待以时日终究会解决的。而且他也深知这个所谓种族问题的复杂性，还有待深入研究和用理智来扭转群众感情上的成见和歧视。他在考察沿海岸东亚移民时接触到中国和日本的移民，受到很深的触动。他这时已经有60岁了，但是他在这半个多世纪里，足迹还没走出过欧美两洲，他一直在西方文化中生活。尽管他接触了美国南方的黑人和这些黑人从非洲带来了一些不同于欧美文化的遗留，但由于他们长期处于被歧视和被压迫的奴属地位，已在心态上屈服于欧美文化。

派克老师虽则尽力去体会种族关系里的心态现象，但他所接触到的现实并不是平等地位上的不同文化载体间的关系。我并没有听过这位老师所讲的种族关系的课程，但是从课程的标题本身和所公布的简介来说，他还是沿用着美国通行的种族的这个名词。这个名词的含义很露骨地表明是着眼于体质的区别。在美国流行的区别种族的标准是皮肤的色素。在派克老师这个课程的简介里就提到这是讲黑人和白人之间的关系。种族是用皮肤的黑白来划分的。后来由于种族歧视把亚裔移民称做有色人种。黄色皮肤和黑色皮肤可以归在一类而和白色相对立。这种概念本身不是科学的，因为真正引起不同移民间产生矛盾的是社会竞争。竞争中的优劣出于各自的文化素质而不是体质，更不是肤色。这一个根本认识上的误导是所谓“种族矛盾”的由来。我没有上过派克老师这门课程所以不敢多说。但有见于美国至今还在受这个概念本身的误导，直到最近所谓文化冲突论，果然承认了文化的重要性，但是反过来又受到了种族概念的误导，认为文化和体质是一样难于改造的，结果导致文化差别必然会引起民族冲突的结论。这里值得美国文化自己反省，怎样从历史形成的痼疾里自己拔出来。

从这个角度来看，派克老师从这次太平洋沿岸地区移民调查，给了他面对东方文化的机会。他在和日本移民的接触中已用了矜持（reserve）一词来描写他们的心态。我的体会是他看到了日本人对西方文化内心抗拒的反应。他又从日本人的茶道里体会到这些十分定型的规矩，是从几代人的实践养成的。那就是说他已承认各民族的性格是文化的传统。不同民族间能不能相互理解不是决定于体质区别而是社会文化的差别。他沿用美国通行的“种族”这一概念正说明他终究是个美国的学者。受着美国文化的塑育，即使他已感到了把文化隔阂看成是体质上的差异是错误的，但要想冲出自身文化的烙印何其难也。

派克老师在离开旧金山启程回芝加哥时对他的同事说，他对日本文化有点着迷了。他表示要赶紧在它消亡之前亲自去看看这个东方的雅典。这句话使我感受到他已看到了太平洋对岸有一种文化正受到西方文化的入侵，它会不会像西方的雅典一样在历史中消亡，他那时还没有信心。但是他心里明白这个文化的载体不同于他在美国南部所熟悉的黑人，也不同于在研究“美国化”时所见到的欧洲各国来的移民。所以当时他的反应是急于到东方亲自看看。我认为这种心情正可以说明他已从狭隘的种族概念中解放出来进入这个矛盾的文化实质了。

派克老师看来是个相当性急的人，当他看到了这个思想探索的新大陆时，很快地想进行一次新的旅行，走出美国这个小天地里的“种族问题”，立即投入包括全人类在内的全球一体化中的文化关系问题。他是1922年说出想到东方去的，1925年他得到了一个没有预想到的机会。这时有个称做太平洋学会的团体，邀请他在6月份里去檀香山参加该会的首次会议。这会的由来我不清楚，虽则后来在40年代它和我也有一度比较密切的关系。1925年的这次集会据说到会的人并不代表什么团体或国家，但我不清楚谁决定那些被邀请人士的名单。反正派克老师是被邀请了。他对这次会议很认真。

启程前还起草了一个调查提纲，包括檀香山的历史和种族结构及其关系，甚至把民间传说都列入调查项目里。但看来他这次旅行中并没有进行社会调查，但认识了许多趣味相投的人士。会议后，他又到附近太平洋上的岛屿上访问了一圈。

派克老师从1923年起在太平洋周围甚至远及非洲的“行行重行行”一直到1933年从芝加哥大学退休，一共有10年时间，他一面到各地访问，一面写出零星的札记和文章，并在各大学讲学和演说。

1925年11月太平洋学会在日本京都开会，派克老师如愿以偿地首次到达日本。同行的夫人在家信中说：“老先生真正地感觉到心情舒畅。他由衷地认为这次会议正中下怀，因为他认为与会者都知道他们想在这里做什么。”他在日本过了冬到翌年3月23日才离开。他并未立即返国而是去了印尼，又从印尼到新加坡和菲律宾，然后到达上海，这是他首次到中国。他原想到北京畅游一番，但是在南京病倒了。出院后，又赴日本赶上太平洋学会的会议。

在旅途中他搜集到许多有意思的见闻和种种新的想法。但后来说“可惜我回来后都忘掉了”。他对具体的事实不一定都记得，但这些事实所引起的兴趣却保留在脑中。他见到了东方不同文化的差异和相互间的接触深入心中，使他对原有的思想反思和更新。他记得有一次在一个日本的酒楼里看到一个条幅，写着“酒香、和平、友好和互相称颂”，但是当他问一个侍者这上面写些什么，答复是各种酒的品牌。他听了之后很有感慨。认为文化之间要能互相了解是十分困难的。缺乏共识怎能从成见里走得出来？派克老师是从种族隔阂看到了背后还有一个文化差别的问题。

派克老师于1932年8月取道檀香山和日本直奔北京，在路上在给檀香山的一位曾是他学生的朋友的长信上说：“我希望把各个存在种族问题地方的人组织起来，能合作进行共同的研究。研究中心一个可以设在檀香山，一个可以设在南非。我即将去印度、南非，南美等地方考察。看看这些地方的人怎么想法，有没有人想研究这个问题，是否需要合作。”又说，“我们可以先从生物的角度开始去看种族关系，看看那些地方是否承认混血的居民。然后进一步去观察这些混血的居民在文化上有什么反映。在檀香山就可以搜集一些这种混血居民的生命史，看看他们说什么语言，对异族间的通婚具有什么动机等等。这种工作不能在短时间完成，要和他们混熟了，慢慢地谈出来。”他在这信上把这次旅行的目的和工作方法都说清楚了。

派克老师到达北京后的情形我已在这份札记的第二节《派克来华》里提前讲过，在这里不再重复。他在这年圣诞节前夕离开燕京大学，如他在上面这封信里有计划地从北京到香港、西贡、新加坡和加尔各答。后来又从印度经莫桑比克和南非的 Johannesburg，这次旅行的跨度相当大。直到1933年的春天才返抵芝加哥，这个夏季他从芝加哥大学退休了，当时已是69岁。

他曾一再说过，没有在中国居住到20年之上的，最好不要写关于中国的文章。他自己也以此自律，所以在发表的文章中很少提出他在中国的访问，但是燕京大学的一些学生还是坚持请他留下一些话作为临别赠言。他不好推托还是写了一段话留在北京。这就是收在《派克社会学论文集》里的《论中国》一文。我在这次补课中又翻出来读了一遍。

派克老师在这次旅行中看到的是抗战之前的北平，多少还保留着一些古老的面貌，在一个从当时已经工业化的美国大都会里来的学者，自会有他特具的角度。这里看不到美国黑白之间的“种族问题”，也不存在美国各地的多种原籍的移民，没有“美国化”的问题。这里有的在这位远客的眼中是一个他所谓“已经完成了的文明”。在这样的文明中“任何一项文化的特质……无不相互正确地配合……给人一种适合而一致的整体的印象”。派克老师在另外一个场合把中国文明比之于一种章鱼（octopus），它能用多个触角伸向不同方面，把别的东西包容进来变成自己的东西。这正是派克老师所说的融合，他看到这和“靠征服而生长”的欧洲民族扩张的过程是不同的。他实际上已在考虑全球文化的未来。可惜他似乎时间不够进一步深入下去，他被古老的中国文明所迷住了，尽管他也到过“和欧洲都市无异”的上海，但是这个正面临激变的局势，对他印象不深。他如果真的在中国多住20年，他的看法也许就不同了。

人生苦短，探索未已

派克老师横跨太平洋，绕道南非的环球旅行，是从1932年初夏的8月起到1933年的春天止，几乎有三个季度。这次“行行重行行”对这个思想领域里的探险者是最后一次壮举，但他原来打算在亚非两个大陆的知识界里组成一个合作的研究力量的宏图并未实现。这时离他70岁的生日已不到一年了，他回到芝加哥不久就准备办理退休手续。这是年龄的规定，生物性限制，谁也无法躲避和推迟的，但是他对此没有低头。在南非时写信给他心里打算合作写《人文区位学》一书的伙伴，他的一个名叫麦根齐（R. D. McKenzie）的老学生，信上说："我要尽可能地把我的思想都写进这本书里，不然我怕我这一生将怀抱着脑中的许多东西没有见世而我已弃世而去……你将会高兴地知道我虽年已六十九，但自己似乎觉得生命力没有比近来更旺盛的了。我希望在去世之前还能做很多的事。"

至于他计划中和麦根齐合写的那本《人文区位学》，早在他和伯吉斯合写的《引论》出版后不久提出的修改意见中，已经列入分别要写的四本续编之中。

关于人文区位学本身说来话长。我在上面《派克老师在备课》一节里已说过他怎样从博览冷门书籍时得到"人文区位"的启发，而且他认为这是一门大有发展前途的学科，和值得探索的一个思想领域，甚至向他儿子提出建议作为自己的专业来考虑。尽管他儿子并没有接受这意见，但派克老师自己却一直在考虑这方面的问题。

派克传记的作者曾说："派克对社会学的爱好，最初是新闻媒体在1908年已经看中了的。1903年初次动情于集体行为，1912年结识了种族关系，最后倾心的是人文区位，到1921年才开始在他的著作里公开。”

人文区位学英文是Human Ecology，是生物科学和社会科学交叉的学科。Ecology最早是1866年德国动物学家Ernst Haeckel采用的名词，字根是希腊字Oikos，意思是“生活的地点”（the place where on lives）。

生物学里的区位学是研究植物和动物生长的地区和其环境的协调关系，用以理解其兴衰消长的现象。派克教授认为这个概念也可以用来研究人类群体居住的社区。在《引论》中说：“社会的经济组织作为自由竞争的一种结果，就是它的社区组织。因之，在植物及动物区位学外还有人文区位学。”1920年派克开了一门课程就称做人文区位学。在课程简介里说“决定社区的地址和发展的地理和经济因素，社区的不同类型，贸易地带，交通和运输形式的作用，贸易及其服务的分布和分散，社区问题的背景”。1930年他写了6篇文章阐述人们生活上表现区位格局的具体例子和理论上的阐述。他提出许多社会学上的重要概念，如生活网络、生存竞争、集体行为、社会的生物基础和社会平衡等等。他指出人类的社会之所以不同于植物和动物的社会就在于建立在不同的水平上，人是在文化的水平上，而动植物是在生物的水平上。

在生物水平上主要特征是竞争。在植物和动物中竞争是没有限制的。这样形成的群体是无政府状态的，是自由的。而在人类却不同。人和人之间的竞争是有限制的，受到风俗及共识的限制。人的社会超出了生物性的竞争并采取了高级的和复杂得多的种种限制下产生的形式。

1918年他在课堂上曾举过一个植物界的例子来说明区位的变化。在北Carolina Piedment的一块农田如果放火烧过抛荒后，生物学家可以预言，5年后这块荒地就会杂草丛生，到第6年可以散播松树的种子，下一年将会看到一片松苗，这片松林如果在150年后又种入硬木类的树苗，250年硬木林就会取代松林。这是说一种植物会在一块地上在一定时期里取代另一种植物。他接着讲他1933年在南非看到的情形。他说最早居住在这里的是Bushman，他们以狩猎为生。然后来了Hottentot人，他们还是从事狩猎但是开始了畜牧。他们和Bushman发生冲突，因为Bushman用毒箭射杀Hottentot人畜养的牲口。结果是Bushman被赶入Kalahari沙漠。后来又来了Bartu人不只是狩猎和畜牧，而且开始耕地和种植Kaffir corn了。其后又有Boers进入，居住在Transvaal和Orang Free State。他们把当地的土著都征服了，并把他们作为奴隶又占有了土地，组成大家庭，实行家长统治。最后英国人来了，这里发现了金刚石，英国人就长驱直入。1884年建成了Johannesburg一个巨大的城市，

1887年又发现了金矿，南非就是这样从孤立和封闭状态进入了国际社会和新的世界性文明。

这里看到一个地区居民的继替过程，原始文化的居民需要广大土地来养活他们的人口，最后善于利用这片土地的人占据了这片土地。

派克老师在他所谓人文区位学里最重要的核心在他把人文世界分为四个层次，基层是和动植物等同的，称之为区位层或生物层，往上升一层是经济层，再升一层是政治层，最高是道德层。

他还有一个突出的见解是层次越是向上升级，人的自由就越是递减。因为他认为人和其他动物及植物的差别是在人用文化来制约自己。他说："有意思的是这几个层次像是堆成了一个金字塔。区位层是基础，道德层是最高。一个人完全进入了社会秩序也就是全部生活都被组织在群体里，处处要服从整体的意志了。竞争是发生在基层生物性的自然秩序里，植物和动物群体里的个体是不受群体节制的。到了文化层，个人的自由就完全受群体的习俗、意识和法律的控制了。”他说从个人来说，自由的要求也是跟年龄而变化的。儿童时期谈不上自由，成年后为自由而斗争，年老了，也不那么想自由了。1934年他在芝大的一次公开演讲里说：“人总是在想摆脱社会对他的拘束，想得到自由，要摆脱的是什么呢？还不是社会定下的要他们遵守的规矩么？”他收入《论城市》这本书中他写的一篇文章《社区组织和青少年犯罪》中，更耿直地认为群体生活为人们立下了种种限制人们行动的规则和法律。青少年不接受这些人为的限制，就成了违法、犯罪。从个人角度来说他们要的是自由。从社会的角度来看，他们是犯错误。派克老师并不是故意标新立异、危言耸听，而是要指出生物性和社会性两个层次的矛盾。他这个看法反映了当时美国正处在社会激烈变动和严重的经济危机之中。1938年，他说：“现代的世界上看来欧洲的经济正在重复罗马帝国兴亡的轨迹。商业正在破坏古老的秩序，为扩大生存空间而争斗。这场争斗会建立起新的体系。新的生物性的基础正在给新的世界性社会奠定基础。”派克不相信任何平衡状态是永恒的。变动是不会停止的，世界是一个不断更新的过程。人文区位最终的任务就是研究生物秩序和社会秩序两者如何取得平衡的过程，以及一旦两者的平衡破坏后，怎样重新取得调整。也许可以用潘光旦先生的位育论来说，这就是“致中和，使天地位焉，万物育焉”。人要位育于天地万物之间。

这些有关人在天地万物之间的地位和发展的种种思想，在派克老师的一生中不能说已有成熟的看法。他本来打算和麦根齐合作把这方面的想法写成一书，而且在1924年7月麦根齐也回信同意了这个建议，他仅在这年的秋季在华盛顿大学开了一门课程称人文区位学。1925年，在社会学会年会上专设一组讨论人文区位学。1926年和1932年，派克自己在芝大开了这门课程。在1937

年派、麦两人又会合在一起花了一个暑期为该书写出了42页的大纲。这份大纲主要是要讲明，人的集体生活里在一般所谓社会层次之下是否还有一个共生的或区位的层次，以及这两个层次即区位秩序和政治道德秩序之间的区别和关系是怎样的。他们还在1933年和Ronald Press签了出版合同。但是这本书始终没有完成。这事的经过和原因我们不必去追究了。总之“人文区位学”是派克没有能及身看到它成为一门学科。他提出的基本问题也并未得到最后的结论。

派克老师没有能安心下来完成这本“人文区位学”的一个原因是他在1936年秋季应邀到Fisk大学去讲学。地点是在Nashville。这是美国大学联合会把它列入A级的黑人大学。我们不必去揣测为什么这位老师要把晚年花在这所大学，而且一直呆到他离开人世，一共8年，从1936到1944年。他又不愿意听人说这是为了他对黑人特别亲热，有点偏心黑人，因为他一直反对用感情的偏向来看待种族问题的。实际上，他在这8年里经常往返访问美国及加拿大各地。自从他环游世界回来后，美国公路网和汽车产业大为发展。他这时也购买了一辆当时新式的Ford V-8。但他已年过七十，并没有学会驾驶，但是总是有学生愿意为他开车，因为在车上可以听到这位老师的种种高论。他在这段期间里的确用汽车访问过很多地方，在别人记忆中留下大量值得追忆的印象。

8年时间过得很快。但是不幸的是在他弃世之前的1941年12月发生了日本袭击珍珠港事件，我并不知道他当时的反应。矜持的日本人到这时刻暴露本性了。美国果然最后以原子弹报复了日本的偷袭。但这笔种族关系上的账应该怎么算法，我只有在另一世界里去请教这位老师了。

他对这次世界大战有一些看法在生前表达过。他觉得贸易将为新的世界社会打下生物性（区位学的）的基础，但是从社会层来说却有一堆如碎片般合不成一块的众多国家，这个状态并不妙。1939年他曾说："看来有一种类型的社区，它的成员间在生存上相互倚赖，要分也分不开，但它们一起的集体行动却什么也发生不了，我们现在也许就处在这种状态的世界里。在这个世界上人类已进入共生（symbiosis）的关系之中，但是无力采取集体的行动（collective action）。"

看来我们这位老师这时是很失望和困惑的。他在答复战争是否和地狱一般，他说这很难说，因为我们对什么是战争还没有恰当的概念。有人问他信什么宗派，他回答他信过不同的宗派，最后觉得宗教本身是一个健全的个人和美好的社会不能缺少的。他在1944年春的音乐艺术会上说："建筑在机械基础上的世界秩序一定会被一个建筑在相互了解基础上的世界秩序所代替。一个由商业和外交建立起来的国际社会必须以人和人之间的友谊和道德来支持。音乐、戏剧和艺术比了语言这种理性的交流更为朴实和直接。”1944年他在《现代世界的使命》一文中思索，在这个激烈变动中的世界里人们在惶惑那些被认为领导他们的人心中是否有底，他说：“我们像那些希腊的思想家那样站在一个新的世界上，因为这个世界是新的，我们感觉到不论是看不到全面的人或是见闻有限的实行家，甚至具有科技修养的人，包括社会科学在内，能对我们有多少帮助。”

在这种精神状态下，派克老师还是不肯停下来。1943年6月中他还是到南Dakota乡间去视察农民收获土豆。这原来是块穷地方，他看了高兴地说：“他们翻身了，土地又绿起来了。满地奔跑着猎物，鸟在树上歌唱。”但不久到了夏天他犯了一次心肌梗塞，他感到事业还正在开始他怎也舍不得放下。1943年10月他给儿子Edward写信说：“我想到很多东西要告诉你，我突然觉得劲道又来了，像是埋得很深的根上又在萌发新芽。我相信至少我在这里还可以再过一个夏天。”

他在医生警告他此生的日子已不多时，他想起了要写他的自传。他告诉他的朋友休斯说，“我要写下我思想的自然史”（the natural history of my mind）。他所说的自然史是一件东西自身的发展过程。他自己明白他思想里的各种想法是怎样形成的，怎样变化和发展的。他想把这些思想的变化过程写下来。他在这年的2月10日给他女儿写信说：“我要把我对人的本性和对社会的本性的看法都写出来成为一个记录。不是为了家里的人回念我，而是为了研究社会心理学和社会学的人留下一个自述性的文件。”

他希望他的孙女Lisa能帮助他写这篇自传。10月18日去了一信，信上说：

> 你9月里的来信我已收到。我曾想立刻复你，但是那时我身体不行，心跳得像只小猫，血压上升，遍身寒冷，我心里不痛快。现在

我好些了，所以想给你写信，告诉你一些想到的事。你说你想写一本关于太平洋战争的小书，这是个很好的计划，即使不能像你所想的那样写出来。

我要想跟你说的，第一件是赶快学会中国话和中文。我昨夜没有睡着时想到如果我要写这本书应当怎样开始。我想我要到北平去，如果日本人允许我。我要熟悉这个城市。北平是这个世界上最美丽的城市，至今还没有人把它好好地写出来过。它有三道或四道城墙，合而为一，中国城、满洲城和紫禁城，还有个多少是欧化了的城。其中三个各有自己的城墙，一个套一个。中国的城墙本身是个有意思的题材。北平的地下世界，我曾见到过一些，因为我访问过一个出售查获赃物的市场，我也读过一个惯贼的自述，他讲了怎样躲避警察追捕的故事。我不能把有关这城市的故事都告诉你。你和Pete自己去看吧。好，我不讲有关北平的事了。因为老实话我对它并不知道多少。但是我满怀希望能多知道一些。麻烦的是“时间太少了”。我正在读一本John Marguand写的书，书名就是《时间太少了》(*So Little Time*)。他一遍一遍地重复这句话，我自己甚至每个小时也跟着他在想“时间太少了”。但是你和Pete有的是时间。我劝你们马上做这件事，越快越好。一定能享受到这次旅行的一切。

发出这封信后，在该年的12月中旬，他的病又告急了。到1944年2月7日结束了他的生命。据他朋友Brearly说在最后的日子里，他还在思考法律社会学、知识社会学和传教士对文化传播等问题。另一个朋友

C. Johnson 说："他的脑子不停地在思考，他从不丧失对生命的热情，在探索人的行为的边界，即使在最后日子里，不能说话的时候。"

如果他多活7天，他就到80岁的生日了。

后记

以上的补课札记写了二十一节可以告一段落了。我说明了为什么想到要补课，为什么从社会学入门课补起，为什么想到派克老师。同时也讲了我打算通过搞清楚派克老师的一生经历来帮助我理解他思想发生和发展的经过，使我能进一步学习他的社会学。

这次决心补课是前年下的主意，1998年6月开始温习旧课，到现在已快两年了。时间过得很快，但是补课这件事并没有结束，而且可说越补越感到自己学识的不足，越是想补，看来在知识的领域里我到了老年才开始真的踏上实地，真的明白了自己的贫乏，因之越来越想补，没有个结束和完成的界限。人生也许就是这回事，有始而没有终。但人是有终的，我到此告了一个段落再说。

我现在感觉到这个补课的决心是下对了。在这两年里我的确有点乐在其中，使我觉得心上总是有事要做，日子过得很容易，同时也比较踏实，有个奔头。

这次补课自己觉得也很有收获。以前我也读书，但总是有点不求甚解，不常联系自己。这次我从派克老师的一生经历入手去看他的社会学的长成，这就把我拉进了他的实际生活，看他的思想怎样一步步发展起来。学术思想是不能不从学人的身世和他所处的时代相结合的关键上去把握和去理解的。这样入手，使他的社会学活了起来，他的社会学也反映出了美国社会在这一时期的面貌，个人和集体一旦结合就越看越有滋味、越有意思。

我取得这种补课的方法，不能不感谢 E. Hughes 先生 1979 年送我的这本派克传记。这本书是罗森布什（W. Raushenbush）写的。我在补课开始时的确不知道这位著者是何许人。这也说明我读书不认真。其实在这本派克传记里就几次提到过他的名字，因为他曾在派克教授研究外籍移民的美国化问题时，和后来在太平洋沿岸调查种族关系时，都当过派克老师的助手。我最初阅读派克传时这个名字竟在眼前滑过去了，没有注意，到今年一再重读时才注意到。

我要感谢他，因为他这本派克传启发了我结合派克的生平来读派克社会学。不仅在补课方法上开导了我，而且实际上给我提供了这位老师一生的基本事迹，成了我写这本《补课札记》时最基本及最得力的依傍，我称它为我写作时不能缺少的拐杖。

我写完了这份札记时才恍然大悟，罗森布什这本派克传原来是实践派克老师临终前所表达的一个遗愿，就是他想写一本有关他的思想的自然史。他自己这个愿望没有实现，但这位老助手最终按这位老师所主张的写自然史的方法，写出了这本派克传，而且赶上我在1979年访问美国前出版了。这一连串的机遇，使这本书能传到我手中，而且经过不少看不到的运作会在我想写《补课札记》时出现在我手上。

“自然史”是派克老师在史学上的创新。这是一种写历史的方法，作为对一件史实始末经过的记述。派克老师的遗愿是把他社会学的思想怎样发生、修改和发展的经过写下来供后人参考。他的老助手就按老师的遗愿写下这本派克传，又由老师的门生休斯先生写了序言和后记，还亲手送了一本给我。这段因缘是客观历史事实，当我明白了这段经过，对我不能不产生这是“天助”的感觉了。

我在札记里已谈过罗氏的派克传其实是美国社会学自然史的一部分。它不仅叙述了派克老师怎样从一个密西西比河上的儿童长成为美国有名的社会学家的经过，而且也讲出了美国社会学成长经过中的一段重要的部分。

写这本《补课札记》时还有一段衷曲在我心头，那就是我这一生也许最后还可能完不成的一个自己承诺的任务，“重建中国的社会学”。这件事的来由我不必在此多说，我之所以要补习社会学的实际原因是我总觉得我这一生有一桩事还没有好好交代。那就是我答应带头在中国重建社会学这门学科。这是20年前的旧事。实际上，即使我再有20年，这个诺言还是难于实践。同时我届时还会感到不太甘心。

为了在中国重建社会学我已花费了20年，没有如愿实现。我只能怪自己能力不足，因而还想通过补课再补足一些。在补课时心里也总是系念着这桩心事。如果有人愿意读这些札记，希望也能理解我这番心情。

我在这时又找到派克这位老师，一方面是为了要把我一向主张的重建社会学的来源理一理。我所学到的社会学以及怎样去搞这门学科，实际上受了派克老师的影响。派克老师要建立的社会学是一门研究社会的科学。作为一门科学就必须是实证性质的，就是杜威所提倡的实证主义的社会科学。用派克老师的话来说是以实际社会生活为基础得来的科学认识，从实际社会生活里长出来的科学知识。用现在大家熟悉的话说就是理论必须联系实际。以我个人说，我这个做学问的基本道理可以说最初是从派克老师口上听来的，那就是上他第一堂课时他说他不是来教我们怎样读书而是要教我们怎样写书。从1932年到现在已经过去68年，这68年里我的确按他的教导写了不少书。书里说的话是不是符合实际，是可查可考的，身后自有公论。饮水思源，我不应当忘记这位老师。

现在来说派克老师究竟已是个历史人物了。他的教导是不是已经过时，我们应当想一想。现在时行的是开口闭口讲“后现代”，而派克老师所处的时代至多只能说是现代的初期，就是美国进入了机械化、城市化时代的前期。我在写这位老师的早年时特地指出，实际上他所诞生的美国中部地区，当时还刚刚踏进机械化和城市化的初期，甚至在密西西比河上的儿童们还尝到过乡土经济的味道。他到10岁时才有小学校可进，他的父亲从南北战争退役回来在小镇上开办一家小杂货店，也许可以说明和我们当前沿海地区的小城镇的景况还相差不远。如果说派克老师现在是过时了，但他的一生中还有一段和我所熟悉的生活是相似和相近的。他的思想正反映了美国机械化和城市化这一整段的变化。我们口头上尽管可以多讲讲“后现代”，而我们的生活实际也正处在踏进“现代化”的初期，就是机械化和城市化的初级阶段。从这个历史阶段的比较上我认为不是“过时了”，而甚至可说是“正当其时”。

以社会学的处境来说，派克老师给它当时所处的定位是“还在生长中的时期”。我们现在自己的社会学所处的地位，也许还不够“生长中”的水平，严格一些说也许只够说还在“摸索阶段”。因为我有这点体会，所以在补课时，我直觉到这位老师所碰到的境遇我还可以觉到比较亲切。我还认为当前我们一下就想学会“后现代”恐怕还不太实际，我们还是向世界上其他先进地区的“现代化”过程多学习学习为好。如我这样说是有一些道理的话，应当认为我从重温派克社会学入手来吸收一些我们“重建社会学”的养料是做得对头的。

我记得提出“重建社会学”的任务是1979年。不久乔木同志就打发社会科学院里一批研究人员去美国访问。原定乔木同志要亲自带队去美的，后来改由宦乡同志出马。我也参加了这个队伍，虽则我头上的“摘帽右派”的帽子还没有摘掉。我的任务是去看看当时美国各大学里的社会学和人类学的情况。我在这次访问中特地去找我的老同学杨庆堃先生。他是和我一起1932年在燕京大学听派克老师讲课的人。他从燕京毕业后就去美国留学，继续学社会学。后来在第二次世界大战期间美国种族歧视受到群众的冲击有了改革，开放许多禁地，到那个时候有色人种也才可以进入大学里当教授，享受tenure。我这位老朋友因而在匹兹堡大学里获得了社会学教授的地位，而且当我去访问时，他在教授中又获得了一个荣誉的名衔。我们多年的友谊和共同的志趣，把我们又拉到了一起。他不仅同意全力支持我们在中国重建社会学。我们一起策划了一个具体的培训社会学教师的计划。由他邀请匹兹堡大学社会学系教授出马帮助我们实行这个计划。他又因为曾经有一段时期在香港中文大学教过社会学这门功课，而且帮助他的学生去美留学和返港办系，他又具备动员中文大学社会学系的力量使他们参加我们的培训工作。这两股力量在我们重建社会学的工作上发生事实上的推动作用，而且无偿地提供了这种无私的助力。没有这位老朋友的鼎力协助，我们连那个速成班性质的培训计划都搞不起来的。我借这个写这篇后记的机会记下这一笔历史，并对我的老朋友、老搭档表示深切的铭感。他是去年谢世的。他叮嘱家人，不向同人们发送讣告和不受吊唁。我尊重他的遗嘱，只在这里加这一笔，以纪念他对重建中国社会学的关怀和所做出的贡献。

我这本札记写到这里决定告一段落。从诞生到逝世，派克老师的一生我已大体上讲了一遍，但是我已说过他的社会学思想并未结束。他的思想库还有很多东西他带走了，特别可惜的是他对这个世界当前的大变局已有所先见之明没有更明白更具体地写出来。他只从他所打算写出来的人文区位学里提到这个世界上的人类将要产生一个全球化的共生体系，但没有相应的在其上层的共识体系里完成一个道德秩序。这是他的诊断，当前我们所碰到的种种困惑，根本原因就出在这里，我认为这位老师是有科学的预见的，而且也已经指出了我们努力的方法。我在结束这篇后记里应当提出这一点。

共生体系和共识体系是派克老师的社会学的基本概念，即他这方面思想理论的关键词。共生体系英文是symbiosis，共识体系英文是consensus。他是从“人之异于禽兽者何在”这个问题上下手看到人之所以为人就在他有智慧，人心可通，在心心相互可以相通的基础上，在群体中形成共识。群体不是人的特有，鸟兽亦可以同群，但鸟兽的群体里的个体间没有性灵上的相通，就是缺少这一点“智慧”，它们和人类差了一级。派克老师讲社会，社会和群体有别。群体就是聚众成群，群体里的个体要能互相了解，有个共识才成为社会。鸟兽可以有群体有集体行为，但没有社会，不能像人类一样个人之间可以相通，在认识上能取得一致，建立共识，这个共识可以代代相传，而成可以积累的文化。文化应当说是人类所特有的，世代相传的。人是有历史的动物。群体和社会的区别就是派克老师所说共生和共识的区别。共生是生物界的共同现象，而共识和在共识基础累积的文化和历史，是人所特有的也就是“人的特性”（human nature）。共识这层发生了一个他所说的道德秩序或道德层面。这个层面是人类所特有的。

派克老师的人文区位学是要把人作为和鸟兽相同层面的这个生物人，怎样发展成和鸟兽相异层面的道德人的过程分析出来和讲解清楚，成为科学的社会学体系一部分。这本人文区位学在派克老师的知识库里没有达到完成体系的程度，至少是没有用语言文字表达出来使别的人有共同的认识，成为有此共识的人的文化，在人类中推广和传袭，成为社会科学的一部分。这是他的一部未完成的曲调。有没有继起者把它完成，那是难说了。

派克是个好老师，而我不是个好学生，很多他早在70年前已说过的东西，我要到老来才仿佛有点一知半解。对他这部未完成的曲调，我只能理解到现在我们这个所谓人类的“后现代”时代，也许其实正是派克老师曾指出过的那个已形成了一个全球的共生体系还缺一个相配套的共识或道德体系的半完成状态。而当今和今后一段时期的人类的责任也许就在把未完成的完成起来。

在这里我想到了另一位老师，死在我怀里的潘光旦老师。他在70年前已经用中国语言表达了派克老师用拉丁语根拼出来的英文字来表示的人文区位学，潘光旦老师用了我们两千年前老前辈孔孟的经典上的话来表达同样的意思，至少是相通的意义。我们中国文化里的老话就是潘老师所提出来的“位育论”三个字。我在这篇后记里大胆地把两个老师拉到了一起。我不是个好学生，一个老师的书还没有温习好又牵出了另一位老师。人生苦短，我手边还有多少块钱，可以供我这样去花销呢?

最后我想在这篇后记里声明的是有朋友曾建议我不必把罗氏的派克传做拐杖，不如老老实实把这本书翻译成中文来得完整。我原本应当接受这位朋友的意见，但是我早年所学的英语已经老化了。英文书籍阅读时都常感到困难，不仅常要查字典，而且发现我用的字典也许已陈旧过时，很多生字查出来的译文，用到原文里去，我还是弄不清究竟什么意义。只能凭感觉猜测。要认真翻译我已做不到了。

我还是用派克传作拐杖为好，我看着这本书，要用哪一段就用哪一段，看不懂的就略过了。我还可以顺着我的思想要加一些话，就加一些，我也可以不用拐杖自己跨步，按自己的思路写我的札记。我在这里说清楚我用札记两字就是指这是写来为自己备忘之用，不是为别人写来传达什么别的用意的。我在自己备忘录中要写什么就充分可以自主，自由思索，自由表达。当然写出来之后，有人愿意看我并不反对，那是别人的事。在我说我的备忘录不仅为自己备忘，也可以为别人备忘。我只求写札记时不受拘束而已。

最后我应当对为我这次补课和写札记服务的人表示我的感谢。我究竟有了点年纪了，做事不可能太利落，不求人。我要借书、还书，要写稿、抄写、打印，样样要自己来做，已经不行了，我处处要求助于人。再说一句，对那些为我的札记出过力的人，我表示感谢。

2000年3月15日于北京北太平庄

暮年漫谈

现在的年轻人，甚至是学社会学的年轻人，都不大知道我们国家的历史了，因此我希望大家加强历史意识（不仅仅是知识），使我们在看待眼前事物时，能联系上延续了几千年的中国文化。我们不能丢掉历史，当然也不盲从历史。我认为不懂得历史就不会懂得文化。

过了90岁之后，感觉得身体内部的变化似乎加快了，体力又有降低。我就想，不管今后有多少时间属于我，眼前的时光还是要把它利用起来，浪费掉总是可惜的。怎么用呢？依我现在的条件看，还是得采用老办法，那就是写点东西。

大概年纪大，睡觉少了，躺在床上阖了眼，脑筋却不肯休息，常常像小时候看过的走马灯一般，把一些往事重又放映出来。我想把这些场景记录下来，或许能为读者了解我们这一代知识分子提供一些素材。

最后的士绅阶层

我是研究社会学的，所以很自然地就想到要弄清楚我这个人的社会地位是怎样的，是属于哪个社会阶层的人？这个问题使我想起上个世纪40年代末我写过的一本书：《中国的士绅》。这本书里讨论的是中国传统社会中一批特殊的人群，他们绝大多数是地主或是退休官僚；他们有文化，虽然不当官，却和官府关系密切，在社会上有地位，在乡里说话算数；他们不从事农业劳动，但有的人设馆教书，传授书本知识。这种人物就是我们所谓的绅士，也叫士大夫。用现在的话说，他们是一批知识分子，寻根溯源的话，应该说孔夫子是他们的老祖宗了。

我的老家吴江县同里镇，历史上是一个地主和退休官僚（也就是这些绅士）居住的好地方。著名的退思园就是清代光绪年间，安徽凤颍六泗兵备道任兰生被解职后在这里建的住所。到我这一辈人，同里还有“杨柳松柏”四大户的说法。杨指的是我的外祖父杨敦颐（杨粹卿）；柳是柳亚子，著名诗人；松是金松岑，金松岑就是名噪一时的小说《孽海花》前六回的作者，1902年他在同里创办同川学堂，教授外语、数理化等新知识；柏是张伯儒（“伯”“柏”同音），曾经当过孙中山先生的秘书。这些大户人家在乡里地位很高，也有一定的影响。

“大户人家”也有称作“世家”的，在我们家乡还有“墙门人家”的叫法。我觉得这是很形象的称呼，它表明这种人家住的房子，有高高的围墙，有气派的大门，几重院落，几道院门；而普通农民的家就没有这么讲究了，他们的房屋为了生产活动的需要，房屋的门和墙壁都是可以拆卸下来的。墙门人家的子弟被称作世家子弟、书香子弟、读书人家等等，名堂很多。这些人的出路就是念书考科举，考上了可以做官，一人当官，亲亲戚戚都沾光。小的时候邻居就叫我“阿官”。当然，在中国的各个历史时期，这一层人中间也有不少人走上了革命的道路。

《中国的士绅》这本书是我的老师派克的女儿Greta Redfield来清华讲学时，记录了我口述的内容，她回美国后用英文整理出来，署了我的名字出版。对于绅权这个问题，我没有继续写下去。后来华盛顿大学有位教授曾经在一本书的序言里责问我：为什么对这个问题不再讲下去了？我明白他提出这样责问的用意，因为再讲下去，必然要涉及到政治、政权方面的问题。当时在美国有那么一些人就希望我鼓吹“民主”，成为一个所谓的“民主旗手”。可是，这时候中国的政治局面已经起了变化。

事实上，士绅阶层在中国的社会结构中占了很重要的地位，离开了士绅阶层就不容易理解中国的社会。我从小有机会接触这个阶层的人，所以对他们比较熟悉，并且在我的一生经历中看到了这一个旧中国士绅阶层最后走过的路程。

早年生活

我是1910年出生的。我们家里最长的一辈是祖母和她的妹妹（孩子们叫她三好婆），我从小是三好婆带大的，所以同她的感情很深，家里的不少事情，是从她跟我絮絮叨叨的讲话中了解到的。祖母家姓周，她在我十几岁时去世了。我对祖母家的事情知道得很少，只能从三好婆讲的故事里知道个大概。三好婆给我讲过不少关于太平天国“长毛造反”的故事。1851年，洪秀全揭竿而起，这场太平天国农民革命的矛头指向了中央的皇权，在地方上，他们造反的对象则是以曾国藩为头子的地主、士绅阶级。1853年和1860年，太平军两次攻打到苏州一带。我小的时候，虽然这场革命已经过去了四五十年，但是还能经常从祖母和三好婆那里听到关于“长毛”的故事，并且知道了由于这次“长毛造反”，周家受到了很大的冲击——祖母的父亲在太平军打到苏州一带时被长毛“掳”了去，从此下落不明、不知生死。在我祖母和她的妹妹心里，她们的父亲没有死，只不过是失踪了，因为我见过祖母和她的妹妹在某个日子里，会把一只鞋丢到街上去。在我们家乡这是一种“仪式”，意思是让失踪的亲人能够认得回家的路，赶快回来。不管怎样，可以说祖母家极有可能被太平天国这场风暴冲掉了，一家人四散而失去了联系。所以，在我的记忆里，除了祖母和三好婆之外，周家没有其他的亲戚了。

祖母是个小脚老太太，而且小得站都站不稳，干家务活很困难。而三好婆是个“半大脚”，就是曾经缠过脚，后来又放开了。我不知道她们姐妹之间相差多少岁，为什么会有这样的差别。不过我知道，太平军是禁止妇女缠足的，三好婆是不是因为这个缘故才不得不把缠过的脚又放开了？我小的时候就知道，三好婆因为不愿让人看到她的一双大脚，穿着长裙把脚遮住，没有把脚缠小，一直是她平生引以为憾的一件事。祖母也有不顺心的事，可能也是因为受到太平军的冲击，她很小的时候就到费家做童养媳，因此和祖父成亲的时候没有坐花轿进门，对于这件事祖母始终耿耿于怀，感觉抬不起头，压力很大，一生都摆脱不掉自己是“童养媳”、“小媳妇”的阴影。后来我在《中国士绅》里有一段描写“小媳妇”的文字，就是体会到祖母那时的感觉而写出来的。要知道，“裹小脚”、“坐花轿”都是那个时代表示是“墙门里的人”这种身份的标志，然而，祖母和三好婆却与之擦肩而过，她们懊恼的心情是可以理解的。

听祖母说我的祖父很聪明，喜欢研究算学，但不知道为什么，他一生没有考过科举；膝下四儿一女，老二过继给了别人，我父亲费璞按排行老四，大家都叫他“四阿哥”。费家除了有田产以外，还在同里开了一家典当铺。我父亲还没有成家的时候祖父就去世了，没有给我留下什么印象，连他的名字都不知道。

祖父去世后，大伯伯当了家。祖母没有什么文化，管教不了大伯，大伯是个不务正业的纨绔子弟，当家以后在同里开了一家大烟馆。历史上，自19世纪中期英法发动第二次鸦片战争后，帝国主义列强逐步加强了对中国的经济侵略，不仅向中国倾销他们的棉纺织品、毛纺织品等商品，还别有用心地大量推销鸦片。由于清政府禁烟失败，使得许多老百姓染上吸食鸦片的恶习。大伯就是在这样的局势下开了烟馆，他为了独霸市场使尽了手段，竟然逼得一个生意上的对手跑到费家的院子里吞鸦片自杀。大伯的恶行激起了人们的愤怒，一群人拥进我家里砸烂了不少东西。据说从这次事件以后大伯的生意一落千丈，费家逐步走向败落，在家乡站不住脚，不久全家就搬到了苏州。

我的祖父和杨敦颐是好朋友。杨家在同里是有名的大户人家，拥有不少田地，开有一家米行，在苏州十全街还开了振丰织布厂。在我父亲还小的时候，费杨两家就结下儿女亲家，杨敦颐答应把女儿嫁给我父亲并且要经常关照费家。祖父去世后，杨敦颐依照诺言，把我父亲接到他家，同他的孩子一道上学；嫁女儿的时候，又考虑到费家经济状况不好，所以在女儿的嫁妆里有一份田产，外祖父想用这份田地来保证女儿婚后的生活。

杨敦颐曾经在 1904 年慈禧太后七十大寿时，特意加试的甲辰恩科上考中了举人，被派到镇江做学台，这个官相当于现在教育厅长的职务。可是没干多久他就辞官不做，应聘到商务印书馆当了一名编辑。参与了《辞海》的编纂工作。外祖父的国学底子很好，尤其在文字学方面很有造诣。记得我小时候听过他给学生讲中国文字起源、文字结构的课，还学会背诵不少口诀。

虽然外祖父的国学基础深厚，却不守旧。从我母亲和几个舅舅受教育的状况可以看出，外祖父是个乐于接受新鲜事物的人。大舅舅杨千里秉承父业，国学基础扎实，在书法、金石、诗词方面都有很深的功底，民国时期靠笔杆子做了官，当过相当于行政院秘书长的官职。另一个舅舅是清华大学毕业生，和胡适是同班同学，并一同被送到美国留学，学机械，回国后在天津办工厂、开洋行，创下“抵羊牌”毛线这个名牌产品。还有一个杨左匋舅舅也留学美国，后来在好莱坞画动画片，参与有名的动画片《白雪公主和七个小矮人》的制作。六舅舅学西医，是一名医生。最小的杨锡璆舅舅是建筑设计师，解放前在上海设计过好几处像剧场这样的大型建筑；解放后调到北京，参加了北京“十大建筑”的设计工作。

我的母亲杨纫兰毕业于当时最“新潮”的上海务本女学，可以说是中国第一批接受西方教育的女学生里的一个，后来她一直是站在了当时社会潮流的前边。我手头有一张1911年妈妈抱着我同哥哥、姐姐一起照的相片，有趣的是，照片上两个哥哥身穿幼儿园制服，手里拿着红十字小旗，这在90年前的中国是很少见的。原来是因为当时母亲在家乡开办了吴江县有史以来的第一家蒙养院（幼儿园）。两个哥哥是蒙养院的学生，所以穿着统一的服装（后来我也成了蒙养院的学生）。蒙养院的学生除了学识字，还做游戏、学跳舞、学唱歌，有脚踏风琴伴奏，那时候这些事都是很新鲜的。

母亲对我一生的影响很大。她是个思想开放的人，乐于接受新事物，除了在家乡办新学，她还带头剪短发，讲求男女平等，注重子女教育。记得在出版《爱我家乡》这本书的时候，我特意在卷前编入父母遗稿各一篇，从母亲写的那篇《〈女钟界〉序》里，可以体会到她的思想境界。

我的童年正处在军阀混战的时期，整个国家动荡不安，老百姓常常因为打仗而四处避难。我家也同样，一旦有个风吹草动，母亲就带着我们几个孩子，从县城逃回同里老家。这样的逃难给我留下了很深的印象。

我们不是有钱人家，但是靠父亲的工资，每天都能吃饱饭，还可以有肉吃，属于中等家庭吧。有一段时间里，大概是妈妈有意锻炼我，要我负责记家里每天支出的账目，所以至今我还记得，我们家每天可以买7个铜板的肉，花十几文钱买米，一个铜板10文钱，再加上买蔬菜，一天的伙食费大约十多个铜板。记得有一次的假期里，在苏州上学的大哥、姐姐都回来了，妈妈把我们叫到一起，要我把账本拿出来总结一下，把各项支出画在坐标纸上，其中最高最粗的线是教育费用的支出。妈妈说，在花钱的时候，她首先要把我们几个孩子上学所需要的费用留足，然后才考虑别的花销。这件事我一直记着，以至几十年以后，在一次政协会上我用这个例子来说明国家在花钱的时候，也应该先留出一笔经费来保证教育的支出，其他的钱，多就多用点，少就节约点。国家和家庭理财的道理应该是相通的。

在妈妈的安排下，我们这一代五个孩子都受到较好的教育。大哥费振东毕业于上海南洋大学，在学校参加了共产党，是学生会的领导人之一，“五卅”运动时南洋大学学生上街游行，他是领队，走在队伍的第一排。毕业后去了印尼的一家华侨报馆当主笔，教过书。后来与党组织失去联系，脱党了。他在南洋20多年，积极从事民主运动，和朋友们一道组织了苏岛民主同盟，1949年回国，参加了第一届全国政协会议。姐姐费达生从苏州女子蚕校毕业后到日本留学，学成回国专攻缫丝和蚕丝业技术改革，帮助家乡农民发展养蚕业。姐姐的工作对我后来的学术研究起了很重要的影响。三哥费青在东吴大学学法律，后来考取公费去德国留学。解放前他屡屡在法庭上为共产党员和进步学生辩护；解放后在中国政法大学当副教务长，是中国法律界的元老。四哥费霍受舅舅的影响，进苏州工业专科学校学土木建筑专业。哥哥姐姐们做人做事的榜样，对我起了很好的影响。我自己则是受到了从幼稚园到大学一套比较完整的教育，后来又到英国留学。留学是用清政府庚子赔款的钱，其实这是美国人用中国人的钱来资助中国的年轻人出国学习，有很强的政治性，目的是要培养出受西方思想影响的一代人，加深西方文化对中国的影响。他们这样做的结果，确实在中国造就了一批接受西方文化的知识分子，就是这批人发起了五四运动，从西方引进“科学”和“民主”的思想。

我父亲曾经考中清王朝最后一届秀才，科举制废止后，吴江县把他们一批人送到日本留学，学的是教育学。我听父亲说，他们这些留学生并不懂日文，日本学校请懂得中文的老师给他们上课，又由于日文在文字上同中文有部分相通，所以在日常生活中他们和日本人可以下围棋，可以进行笔谈。父亲回国以后在家乡创办了吴江中学，还应张謇的邀请到南通当过教员。他在南通教书的这一年我出生了，为作纪念，父亲在我的名字里用了一个“通”字。父亲一生没离开过教育工作，在当江苏省视学的时候，经常到全省各地的学校巡视，做调查。有时候他会带回一些地方志，这些书常常引起我的兴趣。

我在小学、中学的时候就喜欢写文章，我是班上办壁报和校刊的积极分子。我之所以喜欢写作，是从喜欢看书开始的。还在小学的时候，我的一位姑父，从上海为我订了一份商务印书馆出版的《少年》杂志，每一期杂志我都很用心地从头看到尾，时间长了就产生了给《少年》投稿的念头，而且我投的稿真的在那上面发表出来了，当时看到自己的文章用铅字印在白纸上，非常激动，它成了一股强烈的诱惑力，鼓励我不断地写作。从此写文章就成了我学生时代最大的爱好，影响了我一生。因为文章写得不错，高中毕业时我还获得了学校奖励的一个写着“国文猛进”的银牌。

我小的时候念过一点古文，曾经用古文体写过几篇文章，自以为古文基础还好，其实只能说是中文底子还说得过去而已。要是说“国学”，那么我的基础就差得多了。我认为所谓国学，不仅仅是懂得古文，还要对中国的哲学思想、人文思想有深刻的理解才行。我在这方面没有下过工夫，基础不够扎实，研究得也不够深入。

上大学

我从东吴大学附中毕业，直接升入东吴大学，这中间曾经报考南洋大学，但是没考上。当时大学生普遍都想毕业后出国留学，不然就觉得低人一等。对我来讲这种出国留学的愿望更加强烈，为什么会这样呢？说起来也是年轻人争强好胜。小的时候，由于我家的经济条件比外祖父家差，我们几个兄弟心里不服气，暗地里跟几个舅舅比赛，不管在哪方面都想要超过他们。几个舅舅天分都很高，学习成绩很好，我上中学的时候已经有舅舅在国外留学了，我当然不能落后，暗下决心一定要出国留学，不能落在舅舅后边。

在20世纪初，像我这样家里没有条件送出国留学的人，有几条路可走。一条是考官费。记得当时清华每年会在报上登出公告，写明这一年有哪些学科招考官费留学生，要考哪几门功课等等，一般一科只招收一个人，各校拔尖的学生都会报名，考上了就像中状元一样。据我所知人类学只招收过一次，是许烺光考上了。我二哥费青，也是考上清华大学公费留学资格，到德国柏林大学研究院攻读法律。

另一条路是争取国外大学的助学金，这需要有教授推荐。那时国内的普通大学与国外联系比较少，所以推荐的机会也少；然而教会大学由于与国外的联系多，推荐学生的机会就多。有的学生为了得到推荐的机会就多方设法托关系、走门路，甚至巴结老师。那时最好的教会学校是圣约翰大学，第二是南洋大学。这些学校出来的学生都能讲一口地道的英语；东吴大学就差一点，我们讲的是“苏州味”的英文。

还有就是毕业后留校当助教，先工作几年后再出去。林耀华走的就是这条路。

我在东吴大学上二年级的时候，碰到了“五卅”运动。我是学生会的干部，跟大家一起上街游行。恰巧这时医务室的一个校医与某学生发生口角，动手打了这个学生，在处理过程中，学校当局明显偏袒校医，学生们很不满意，事情越闹越大，整个校园闹起来，学生们开会声讨、罢课抗议。事情平息后，校方要开除带头闹事的学生，我是其中的一个，后来因为大多数老师认为我的功课好、品行也不错，就没有开除我，但是东吴大学是不能要我了，责令我转学。这样我就到了燕京大学。

那时候燕京大学允许新入学的学生，先听课再选择专业，可以挑选先生，我就将各个系主任讲的课听了一遍。记得我听了比较有名的、教心理学的陆志伟先生的课，也听了社会学系主任许世濂的课，最后我选定了社会学系。

在社会学系我认识了吴文藻老师。我知道他是我小时候就崇拜的冰心女士的丈夫，所以从心里就认定他一定是个“不凡”的人才。后来逐渐加深了了解，吴文藻老师的确是与众不同。比如燕京的一些老师都用英文给学生上课，甚至国文课都用英文来讲，有的老师还给自己起个英文名字。但是吴文藻不这样，他用中文给我们讲课，记得他曾经用中文给我们讲解一本英文写的西方社会思想史。用中文讲英文教本，实际上就是现场“口头翻译”；吴文藻也不给自己起外国名字，后来他更提出“社会学本土化”的口号。这是吴老师的特点，有中国味，我是很赞成的。

大学毕业出国留学，是当时大学生梦寐以求的。要出国就得有老师推荐，我就跟定了吴文藻老师。我从燕京毕业的时候有一个去美国密执根大学学习的机会，但是与我同时毕业的还有杨庆堃，为了不跟好朋友竞争，我放弃了这个机会，听从吴文藻老师的安排，报考清华研究院。其实吴老师有一个大计划，他想经过司徒雷登的同意，把英国牛津大学的导师制引进到燕京，为了实施这一计划，他在哈佛大学成立100周年的聚会上，同当时社会学界的领头人，英国的马林诺斯基教授接上了头，马氏同意了吴老师的这个设想。可惜后来因为爆发了抗日战争，这个事情没有成功。

为了“社会学本土化”，吴老师千方百计想通过各种渠道把他选中的学生送到国外学习，培养中国自己的社会学人才，谁去哪里，跟哪位老师学习，怎么出去，他心里都有数，他想通过清华送我去英国师从马林诺斯基。

那时，燕京校园里学术空气活跃，在社会科学这个圈子里，一些学历史学的人成立了一个“神州国光社”，用马列主义的观点讲中国社会史，那时马列主义和非马列主义两种思想斗得厉害，双方论战激烈。他们的争论引起我很大兴趣，从某种意义上讲，这些争论加强了我对研究中国问题的决心。在双方论战的人当中我最佩服的是顾颉刚，他写的《古史辨》我都认真读过；他用民俗资料来印证历史和他的历史地理学都影响过我，1933年我的毕业论文《亲迎婚俗之研究》，就是以地方志为根据，观察结婚时新郎要不要去迎接新娘这样一种民间风俗的地理分布，来看文化的变迁的。

1935年从清华研究院毕业，经过一年准备，我终于踏上去英国留学的道路。

1938年，抗日烽火已燃遍中国大地。我从英国辗转回到昆明，便立即加入吴文藻老师组建的燕京大学和云南大学合作的“实地调查工作站”，下乡搞实地调查研究。

1940年冬，由于日军飞机的轰炸，在昆明城里跑警报的次数越来越多，“实地调查工作站”不得不疏散到城外去。搬到什么地方去呢？经吴文藻的介绍，我们选定了呈贡县古城村外的魁星阁。魁星是“主宰文章兴衰的神”。这座破败的三层古庙的外面风景很美，内部却陈旧不堪，地板踩上去嘎吱作响，墙缝里藏着小虫，叮得人浑身发痒。我们把一层作了厨房，自己开伙；二楼摆上桌子办公；三楼住人。张之毅、田汝康、谷苞、史国衡等几个人就在这里安顿下来，虽然条件简陋、生活艰苦，但大家情绪很高。后来大家都把这里叫做“魁阁”。

我没有住到魁阁，因为那时候我的妻子快要生孩子了。按当地民间习俗，不是当地的人是不能把孩子生在这里的，我们不得不住到呈贡县城一个姓李的保长家里。我们住的房间下面是猪圈，住在猪圈上面，真是别有一股气味。不久孩子就降生了。

魁阁的工作很快就开展起来，我在魁阁算什么脚色呢？可以说是个“小头头”或“大服务员”吧。在这里工作的人都不是在读的学生，他们是联大或清华的毕业生，是助教待遇；我在这里也不正式开课，我们有一个共同的感觉是不满意老的那套讲课方法——先生讲学生听。我就学马林诺斯基老师的“席明纳”那套，用讨论的办法，由学生依照自己的兴趣提出问题，想出研究的路子，然后下到实际中去观察、调查，各人做各人的题目；过一段时间再集中起来，大家一起谈感受、念论文，我谈我的看法，他们讲他们的道理，互相争论、共同研究，无拘无束。我们研究的范围很广，比如张之毅跟我搞农村调查，田汝康到一家国营机器厂调查女工情况，谷苞研究地方社区、村子的行政系统……

我们出去搞调查是打着云南大学的牌子，通过县、乡政府下去，靠了行政系统还是行得通的。当同学们选定题目，确定调查点以后，我就去跟有关单位接头，向他们讲清楚调查的内容、调查的目的、有什么意义和商量一些细节。同时我们还尽量利用一些私人关系来打开局面。田汝康去机器厂调查，就利用了跟厂里管事的人相熟，住到厂里去，能够接触到女工，后来写了《内地女工》的调查报告。我去禄村也是靠了私人的关系。那时候我刚从英国回到昆明，人地生疏，去哪儿搞调查一时还没着落。这时候我在街上偶遇在昆明工作的燕京同学王武科，他的老家在禄丰，而且是个“大户人家”，他知道我的情况后，带我去了禄丰，介绍我住到他亲戚家，这家人信奉基督教。说来也巧，我的一个信基督教的姨母杨季威这时正在这里传教，村里人都知道她，凭着同学的亲戚和姨母的关系，我很快被当地老百姓接纳，他们愿意跟我谈心、讲真话，这对调查工作大有帮助。后来张之毅参加进来，我带着他串门调查，同农民打交道，让他知道怎么根据实际情况提出问题等等。事实上我在魁阁只带了张之毅一个人。

如果说在禄村我是靠私人关系打开了局面，那么易村这个调查点则是在两眼一抹黑的情况下，仅仅和当地政府接洽一番后就贸然闯了进去。这个地方离昆明约

150公里，只有一段路通汽车，剩下的路程只能骑在运货的马背上前进，这段路整整走了6天。这次旅行虽然已经过去了60多年，然而当年旅途上的情景还历历在目。一天马帮在滇池边的一个寨子里过夜，没地方住，我和张之毅就在一座破庙的菩萨脚下搭个铺位睡下，月亮慢慢爬上屋顶，透过残垣颓壁洒在菩萨身上，四周一片寂静，望着幽幽的月光，真是别有一番情趣。我还记得，在一所村子里的小学校借宿，清晨告辞时，两位素不相识的女教师，硬要塞给我们十几个鸡蛋，说是带了路上吃。

易村是一个很少有外地人进入的偏僻小山村，我们一个人都不认识，却要硬生生地打进去。初到那里，村里安排我们住到一所无人居住、颇为宽敞的房子里，我对张之毅说，这里面一定有“道理”，后来一打听，原来这是一间经常闹鬼的“鬼屋”，没人敢住，所以借给我们，我们就住在鬼屋里开始工作。起初老百姓不知道我们来干什么，自然是不欢迎，甚至生出我们会妨碍他们生活的传言。我们就和村民拉家常，不断地向村民解释来这里的目的，说明不会影响他们的生计。那时我在云南大学和西南联大讲课，不能在易村久留，十多天后就回昆明了，留下张之毅一个人。经过他的努力，终于完成了《易村手工业》的调查报告。易村之后，我们又开辟了玉村的调查基地。

我的这套做法吸引了一批同学参加进来，在魁阁形成了一支大约有十几个人的小小的研究队伍，并且搞出了一批研究成果。除了张之毅的《易村手工业》、《玉村土地与商业》、《洱村小农经济》，还有史国衡的《昆厂劳工》、《个旧矿工》；谷苞的《化城镇的基层政权》；田汝康的《芒市边民的摆》、《内地女工》；胡庆钧的《呈贡基层权力结构》等。当时物质条件很差，为了在魁阁的刊物上发表这些文章，我们就自己刻蜡版，用油印机印刷，此外还准备了一部分英文材料。因为我们的工作引起了一些人的关注，这时许烺光来我们这里看过，太平洋学会的人也来了；还来了一些外国人，李约瑟是其中的一个，他对我们的评价还挺高；费正清（Fairbank）夫妇参观时看得很细，回国后为魁阁做了不少宣传，以至于魁阁在国外的名声比在国内响，有点“墙内开花，墙外香”的劲头。后来太平洋学会出版了我们的一本书。这些事情促使了我能够作为云南大学教授，被派到美国进行学术研究和文化交流。

这段时间里我一面讲课.一面写文章，还要自己动手刻蜡版、印刷、出“小报”，虽然整天忙忙碌碌，却劲道十足。

1944年我从美国访问回来，想继续在魁阁搞学术研究，但是，国内时局更加动荡了，国民党政府的倒行逆施，激起了全国人民的反对，昆明的民主运动一浪高过一浪，终于爆发了震惊世界的“李闻事件”。我也被国民党政府列入黑名单，被迫于1946年底远赴英伦暂避。

延续了6年的魁阁也在这样的局面里收场了，这个收场好像是个没有“结束”的结束。

经过了八年持久的抗战和三年伟大的解放战争，中国人民终于迎来一个崭新的时代。我和全国人民一样也开始了新的生活，努力争取做到自己的步子能够合上时代的节拍，这样又过了半个多世纪。这是后话。

三位外国老师和三位国学大师

在一次纪念北京大学100周年举办的“社会文化人类学高级研讨班”上，我讲了对小平同志提出社会学等学科“需要赶快补课”这一问题的认识。那么补课的问题具体到我自己，该怎样补呢？这些年来，我感到这个世界变化得太大太快，有点跟不上了，究其原因，还是因为我的学术基础没有打牢。我从东吴大学医预科转学到燕京大学社会学系的时候，已经是三年级的学生了，可以说是半路出家，落下了不少一二年级时已经学过的社会学基础课。当我决定要补课的时候，从书架上找出美国芝加哥大学社会学教授派克（E. Park）和伯吉斯合编的《社会学这门科学的引论》这本书作为我补课的入门教材。后来我把温习这本书的感受写成了《补课札记》，文章的副标题是重温派克社会学。派克就是1932年我在燕京社会学系上学时接触到的第一位外国老师。在这篇札记里我把派克老师的一生大体上都讲到了，这里就不再重复。可以说派克老师的学术思想使我终生受益。

为了建立起“中国的社会学”，培养中国人自己的研究队伍，吴文藻老师不遗余力，费尽了心思。我是被吴老师看中的学生之一，为了通过清华公派留学生的机会把我送到英国去学习，他先是说服清华大学社会学人类学系在1933年招收人类学研究生，然后又亲自带领我去拜见该系的史禄国（Shirokogorov）教授，得到了史氏的首肯之后，经过考试，我终于成了史禄国在中国惟一的及门弟子。

史禄国老师是俄国人，应该是属于那种因为祖国变了色被打入另册的白俄知识分子。关于这位学者的身世，我知道得不多，也搞不清楚他是怎么来到中国的，只听说他来清华之前在傅斯年的中央研究院工作。傅胖子（私下里大家都这样称呼他）在当时的学术界里是仅次于胡适的人物，很有势力。他是搞考古、民族史出身，学术上更靠近德国传播学派那一套，不接受英美人类学的东西。据说因为史氏在研究院与同事们合不来，闹翻了，傅胖子就把他安排到清华。

我在《人不知而不愠》这篇文章里说过，在清华园里“史氏深居简出，与世隔绝”，这就使得同事们更摸不清他的底细，难以了解，以致对他“多是以礼相待，甚至于莫测高深而采取敬而远之的态度”。其实从出身来看，他是一个真正的欧洲学者，他眼里的学术世界与中国学者的学术世界是完全不同的，比如他认为社会学的学生，将来是去做青年会这样一类的工作，是为人们提供服务的，他还认为像陈达研究的人口学，应该是警察局管的事，谈不上是什么“学问”。史氏所讲的“学问”，也就是现在人们讲的“学科意识”，是要研究“人”，研究中国就是研究中国的“人”。又比如考试的时候，他出了这样一个题目，问欧洲有多少种语言系统？外国语言嘛，无非有英语、法语、德语等等，从来没有人给我讲过什么“系统”，我答不上来。可以说，当时在中国是没有人懂得他讲的是什么，更谈不上了解史氏在学术上有什么成就了。

我考上研究生以后，史老师根据自己的学术经历为我设计了三个学习阶段：第一阶段是学体质人类学，第二阶段是学语言学，第三阶段才学文化人类学，每个阶段用两年的时间。现在看来，他的教学安排是有道理的，是学习人类学的一套东西。他要我“慢慢地学”。那时候清华研究院没有规定学习年限，一直可以做下去，甚至“老死”在那里。研究院一个研究员，每月有30块钱工资。花销很少，伙食费每月7块钱、洗衣费半年交1块钱，住宿、水、电都不花钱，条件很不错。我预备“泡”它6年。

可是，第二年学校变了章程，研究生学习两年后，如果考试及格就可以毕业，不能无限期地“泡”下去。因此我完成了第一阶段课程后提前毕业了。史老师说：你的学业还没有全部学完，就到国外继续学吧。他同意我去英国师从马林诺斯基。但是作为他的学生，两手空空出去是不行的，所以要我到少数民族地区搞一年调查，积累一些资料再出去。吴文藻老师也同意这个建议。恰巧这个时候，广西省政府提出了一个关于广西省特种民族研究的课题。吴老师就去找张君劢（张跟我哥哥费青也很熟悉）商量，经张的斡旋，掌握广西大权的李宗仁，同意我和新婚的妻子王同惠进入瑶山搞调查。程思远也过问了这件事。然而调查中途出了事故，王同惠牺牲，我受重伤，调查工作被迫停止。因为跟张君劢有这层关系，所以在我整理的大瑶山调查报告《花蓝瑶社会组织》第一次出版时，在扉页上有“谨以此书送给张君劢老师”的话。

史氏这个大家眼里的“怪人”，终于在清华园里呆不下去了，在安排好我和王同惠去广西大瑶山做调查后，他也离开了清华园。

大瑶山受伤后，姐姐邀我回苏南家乡休养。我被姐姐在家乡所做的工作和农民的生活所吸引，并且对眼前看到的情况做了一些调查。1936年9月，我带了这些调查材料，奔赴伦敦求学。等我从英国回来时，日寇已经占领了大半个中国。由于时局动荡，自1935年分手后，我就没有机会同史老师再见面，直到抗战结束，回到北平后，听说史老师已于1939年去世了。我虽然跟随史老师只有短短的两年，但是却受到了他的严格训练，并且培养了在困难条件下自己解决问题的能力，使我受益终生。

随着时光的流逝，几十年过去了，我越来越体会到史老师教学上的用心。他先要我学习体质人类学，教我通过数学和统计学的方法，在混合的人群里分辨出不同的类型；而且他讲的体质人类学不单单指人体的形态，还深入到人的生理现象。他认为中国广东人的骨骼小、人体瘦，是因为受到内分泌的影响，广东人的这些特征与他们的遗传和经历都有关系，同时也形成性格上的不同；他还认为人同人要来往、要交流，需要“语言”，所以学好语言是至关重要的；人的互相了解、行为的配合等等组成了社会，这不只是一般生理上的活动，里面还有更深一层的东西——心灵的配合。史氏之所以有这样一个他还来不及深入探讨的领域，是缘于他对通古斯人社会文化中的萨满信仰的研究。通古斯人认为，萨满是能够跟神对话的巫师。人们通常把这个现象看成是迷信或原始宗教，史氏却认为这是一种在社会生活里积累形成的生理、心理的文化表现。我们知道，古代先民的生活是非常接近和亲近大自然的，所以人身上存在的一股自然的、内在的能力都能毫无保留地显示出来（这里包含着一些现在已经不再表现出来，而实际上还在发生作用的东西），但是随着时间的推移，人们越来越远离自然，这种表现能力也随之弱化了，有些现象则被归到“宗教”里去，现在人们不再把它当作“科学”来研究了。史老师要我学了体质人类学、语言学之后，最后才进入对世界上多种文化的比较研究。

记得当年史老师说过“心理学之外还应该有个东西”这样的话，那时我还不能懂得这话里的含义。如今上了年纪，脑子里经常出现一些过去没有想过的问题，近年来我写了一些文章就是讲这些问题的，比如“天人合一”的思想，又比如“人”所特有的所谓“心态”、“精神世界”等等究竟是个什么东西？这个看不见摸不着的东西，将来是不是能够“捕捉”到？也许能够用什么仪器测定出来……有了这些想法，我觉得似乎跟史老师更靠近了。

史老师的理论宽阔、广博、深奥，我曾经说过："他在理论上的贡献也许就在把生物现象接上社会和文化现象，突破人类的精神领域，再从宗教信仰进入现在所谓意识形态和精神境界。这样一以贯之地把人之所以为人，全部放进自然现象之中，作为理性思考的对象，建立一门名副其实的人类学。"同时我也知道，我这样总结史氏的理论"是很冒失和草率的"。作为他的学生，我至今还不能深入理解他的理论，不能不感到自惭自疚。

我还愿意提到的是，1986年我三访英伦期间，一位知道我是史禄国学生的英国朋友特意跑来告诉我，史禄国在苏联恢复了名誉，他的著作可以公开出版了，而且承认他是通古斯研究的权威。1990年苏联解体前夕，我有缘去莫斯科访问，亲自证实了这位英国朋友所说不虚。我想史老师地下有知，当可含笑九泉。

1936年暑期过后，我到英国留学，进了伦敦经济政治学院，跟当时英国人类学功能派大师马林诺斯基（B. Malinowski）学习人类学。关于在英国学习的情况和对马老师的了解，我在《留英记》、《重读〈江村经济〉序言》和《读马老师遗著〈文化动态论〉书后》等一些文章里已经写了很多，不再赘述。

《留英记》里写了一段马老师为我安排的一场考试，考试的“考官”是英国当时最著名的“东方学者”丹尼森·罗斯爵士。考试结束后，在和马老师一起吃晚饭时，他特意向我讲明请罗斯作考官的道理，他说罗斯是英国研究东方学的“头”，他研究的范围主要是中东这一块，远东（包括中国）虽然不是他研究的中心，但也属于他的“地盘”，别人是不好瞎闯进去的。现在我们人类学要“入侵他的领地”，不经过他点头是不行的，他能来主持并通过你的考试，是他对人类学进入“东方”这一领域的研究表示认可，不容易。接着话题一转，马老师从学科和学术的角度指出我今后努力的方向。他说，这篇论文只是你研究中国的开始，运用这种方法可以扩大研究范围，包括宗教、意识形态、语言等等。他还鼓励我说，你回去后一定要继续做下去，大有前途，你已经在你的研究事业上，砌了第一块砖。接着他当我的面，拿起电话和伦敦一家出版公司的老板商定出版我的论文，并答应为这本书写序言。放下电话后他考虑起这本书的书名，沉思了一刻说，这本书是不是叫Earthbound（土地所限制的）……但随即又改变主意说，你的第二本书用这个名字吧。马老师写的序言得到了50英镑的稿费，他把这笔稿费作为礼物送给了我。

考试一结束，我就准备启程回国。那时候规定公派的留学生回国，可以买二等舱的船票，票价70多英镑。为了省钱我买的是四等舱，只花了16英镑。这样加上马老师送的50镑，我同到昆明的时候口袋里大约还剩下100英镑。

抗战时期搞调查研究的条件十分恶劣，经费也很困难。虽然吴文藻老师从搞到的中英庚款里拨出一点钱给我们，再加上我回国时节余的那100英镑，要下乡搞调查仍然时时感到捉襟见肘。可是我们用了这点钱，首先选择了陆丰县的一个村子，开始了调查研究工作，后来又开辟了易村和玉村两个调查基地。1945年底，我把在这三个村子调查的成果结集成书出版，书名是*Earth-bound China*（中文书名《云南三村》）。所以说，我回国后所走的路子是马老师提出来的；写的书，书名是马老师起的；甚至研究经费也有一部分是马老师送的。我在马老师指引的道路上走了好几年。

前面我说过，我从小接受“新学”培养，没有上过私塾，连最普通的《三字经》、《百家姓》也没念过，是一个对中国传统文化缺乏基本训练的知识分子，所以这次补课，除了补社会学基础课之外，也要补一补中国传统文化课，于是就找了陈寅恪、钱穆、梁漱溟三位国学大师的著作来读。真是开卷有益，读他们的书很有收获，不仅加深了我对中国文化精神的理解，还加深了我对中西文化比较的研究。

以上三位先生都已作古，对于他们，应该说我心仪已久。抗战时期，陈寅恪先生在西南联大任教，我也在那里教书，可以说是同事，但是一直没有什么交往。虽然没有交往，但是我知道他是位卓有成就的历史学家，称得上是一位学贯中西的学者，而且生性耿直、坦荡，很有点旧知识分子那股“士可杀不可辱”的劲头。不幸的是，陈寅恪先生没能熬过“文化大革命”这场灾难。

钱穆（宾四）先生和我的关系说来倒有趣。他是我故乡邻县无锡人，1895年出生，长我15岁，他是苏州草桥中学的毕业生。草桥中学和我们家似乎有点缘分，我父亲曾经在那里教过书，大哥、二哥在那里读过书。钱穆先生后来先后在燕京、清华、西南联大任教，在这段时间里，我也正在这三个地方，但是我们两人一直没有碰头，好像被一层什么东西隔开了，相互间有距离。他没有进入潘光旦或吴文藻的圈子里。在我的印象里，他和顾颉刚一样，同学术界里的“学阀”不和。他在清华讲中国通史，观点上同范文澜唱对台戏，但是在学生中的影响并不大，也没有在我的脑子里留下什么印象。

一直到进入了21世纪我退休了，为了补课我才细细地读他的书，越读越觉得他同我近了，有很多相通的地方。比如我觉得在社会和自然的关系上，最好的表达方式就是中国古代“天人合一”的说法。读了宾四先生的书以后，发现他是个热衷于“天人合一”的历史学家，据说他在去世前曾对夫人说，他对“天人合一”有了新的体会。可惜没来得及把这个体会写下来。然而，读了钱穆先生的书，仅从他所强调的，从“天”“人”关系的认识上去思考东西方文化的差异这一观点，就使我在考虑这个问题的时候，有了豁然开朗的感觉。

这次也补读了梁漱溟先生的书。我在做学生的时候就读过他的书，但是没有全部读懂，所以对我早年的影响不大。记得从燕京毕业后，有一段时间参加了梁先生在山东邹平县搞的乡村建设工作。梁先生是我尊敬的前辈，是当代中国卓越的思想家。

1945年我参加民主同盟的时候，梁先生是民盟的秘书长，但是我们接触不多，没什么私交。解放后交往才比较多起来，特别是出事后（指梁先生当面顶撞毛主席一事），觉得他能这样做很不简单，很同情他，可是又感到梁先生的做法有点“傻”，不过从中可以看出这个人很“厉害”。

1988年，在香港召开过一个由香港大学主办的，主题是“中国宗教伦理和现代化”的研讨会。我们很想请梁先生亲自来参加，但那时他已九十六岁高龄，不能承担旅途之劳。为了表示支持这次会议，梁先生在家里做了一次发言，特意录了像，要我们在会上放映。在这次会上我发表了《论梁漱溟先生的文化观》的讲话，讲了我学习梁先生文化体系的一些体会。会后，当我回到北京，惊悉梁先生于6月23日不幸逝世，令我倍感哀痛。

据说，梁先生去世前，有人问先生：在民主党派人士中，对谁的印象最好？他随口答道：费孝通。费孝通这个人样样通，近年来深入农村工矿，使他更通了。他的名字里就有一个“通”字嘛。他还对另一位访问他的人说：费孝通是走江南谈江南，走江北谈江北，希望现在的年轻人也能如此。我听说以后心里想，他这样讲，也许是因为我跟他有某些相通的地方吧。

这次再读梁先生的书，发现有两条我同梁先生连接上了，一条是对社区的研究，另一条是对中国文化的态度——反对全盘西化，主张不能脱离中国文化来谈文化的变迁；提倡从传统的基础出发，改造一些不合时宜的传统做法来适应新的时代潮流。总的讲都不是“革命”的，是主张在承认传统的基础上，逐步的，不是激烈的变革。可以说是“改良主义”吧，但是这个词不好听。

当今世界的局势，要求中国文化能够迅速适应发生着的急剧变化；与此同时，西方文化也同样应该要适应这个变化的局面，大家互相“适应”。这叫“磨合主义”，东西方文化要互相磨合，共同创造一个新的世界文化。这是我的主张。

关于民族识别工作

自从进大瑶山与瑶族同胞接触以后，“少数民族”这个概念才在我的脑筋里比较清晰起来。按道理说，像我这样一个在满清政府垮台前一年，在一个少数民族统治汉族的年代里出生的人，应该是在充满民族矛盾的环境里长大的，怎么对“少数民族”会没什么深刻的印象呢？但是，的确如此，我小的时候对于自己是汉族并没有什么特别的意识，几个哥哥有过留辫子的经历，我没有；懂事以后知道有回民街、清真寺、回民不吃猪肉这样的事实，但只把它当作是一种风俗习惯、一种宗教，比如对回族，重其“教”而不重其“族”；对满族则重

“旗”而不重“满”，旗人有特权，可以做大官，大家并没有把“族”作为一个政治概念来对待。事实上，那时候住在汉族地区的汉人，一般不会感觉到所谓的“民族压迫”，不像元朝时那样（我们可以从大量历史记载和传说故事、民间习俗上看到元朝时存在着激烈的民族矛盾）。当然清朝初期为留长辫子也有过“留发”、“留头”的问题，后来这种矛盾减少了，甚至出现乾隆皇帝下江南是去找他的外婆家这样的民间传说，以此来证明满族皇帝跟汉族有血统关系，用来冲淡民族矛盾。

对清朝的历史我没有下工夫研究过。满族这样一个小民族，为什么能够打进关来，能够长久地、稳固地统治这么一个人数众多的汉族和幅员辽阔的中国？对这个问题，我还没有深刻的理解。比如曾国藩，他是汉族人，实力很强，如果他脑子里再加上一个“民族主义”，是完全可以起来推翻清王朝的，但是他没有这样做，而是遵循“忠君”的那套思想，极力巩固清政权；

再看太平天国起义，也没有表现出强烈的民族主义思想。

清朝末年，以孙中山为首的同盟会，提出了“驱除鞑虏，恢复中华”的口号，但是孙中山始终强调革命最要紧的是推翻封建专制制度，他认为中国数千年来的君主专制政体，不是国民所能忍受的，“就算汉人为君，也不能不革命”。与此同时他提出了汉满蒙回藏五族共和的概念。在这之前，虽然明末清初的时候就有“反清复明”的口号，但是，中国人的民族意识并不十分强烈。依我看，孙中山他们提出民族划分，是受到西方思想和当时经济发展的影响。那时帝国主义势力不断入侵，洋人成了中国人要抵抗的主要对象。我想，孙中山强调的民族意识，主要还是用来对付西方帝国主义的。

其实，孙中山提出民族主义的时候，也有不少人提出反对意见，认为这是“自找麻烦”。到了蒋介石国民党时期，政策上是不分什么“民族”的，认为中国就是中华民族一个民族，其他的都是汉族的“宗支”。记得我刚从英国回来的时候，看到顾颉刚先生的一篇文章，他也说中华民族只有一个。顾先生是我钦佩的老师，彼此也很熟悉。那时我还年轻，没跟别人商量，也没多加考虑，就写文章反驳他。没想到文章一登出来，顾先生一连写了几篇文章反对我的观点，从而引起一场争论。后来，还因为我的看法与当时政府的政策相悖，几乎酿成一个“政治问题”。

对我来说，我从小就没有注意过自己的民族身份，直到解放后在填写各种各样表格时，因为要填写“民族”这一栏，这才特别提醒我是个汉族。应该说，新中国成立后实施的“民族政策”不是从我国本土里生长出来的，而是学前苏联的那一套；也许跟我们刚刚建立新政权，想要区别于旧政权这个因素有关吧。我们知道，前苏联是非常强调“民族平等”的（苏联最多时有190多个民族，到20世纪70年代减少到一百零几个），在这点上他们走得很远，搞成联邦制，对此毛主席是坚决反对的，我曾亲耳听到毛主席在说到这个问题时坚定地说，不能样样学苏联，这样学苏联就不要革命了！当时我对毛主席把这个问题提得这么高还不理解呢。

新中国成立后，如何贯彻民族政策，体现民族平等，在具体问题上碰到了许多困难，比如召开全国人民代表大会时要有少数民族代表，这就得知道我们国家到底有多少少数民族？他们的人数有多少？他们居住在什么地方？由于解放前国民党政府的大汉族主义、实行民族压迫和歧视政策，所以对大多数少数民族缺乏正确的了解，没有什么资料可供参考。在这样心中无数的情况下，开展“民族识别”成了当务之急。

我是1950年被拉来搞这项工作，因为是半路插进来的，所以对前面作过的准备工作并不了解。当时我们主要是遵循毛主席关于民族工作的精神和斯大林关于民族的定义来进行民族界定。开始的时候，全国自报上来的民族有四百多个，这明显是不符合实际情况的，我们就按照斯大林的理论来处理。斯大林对“民族”的定义是：一个民族要有共同的语言、共同的经济基础、共同的地域、共同的文化意识。但是实际情况是纷繁复杂的。比如要有共同的语言这一条，事实上就不那么简单，有时会出现历史和现状纠缠在一起的情况。有这样一件事：在川甘边境，居住着一种称作“平武藏人”或“白马藏族”的少数民族，1951年被暂定名为藏族。国庆15周年时，该族的一位女同志受到毛主席的接见，毛主席问她是哪个民族，她激动得一时说不出话，旁边的人代她回答“是四川白马藏族”。后来毛主席接见她的纪录影片在她的故乡放映，大家看了以后，感到欢欣鼓舞，但是对这个族名却产生了异议，认为自己不是藏族。为了搞清楚这个“白马藏族”，我们下了一番工夫，派人下去调查。正好这时候，我看到在联合国工作的一位朋友写的书，书里有一段从语言学的角度分析这一地区的历史，经过他的研究，发现这里曾经被藏族征服过，这一地区的土人逐渐融合到藏族里去了，所以语言上也受到藏语的影响。后来经过调查研究，我们发现不论从历史还是现状上看，他们的语言和藏语之间的确有差别，这种差别超过了藏语各方言之间的差别，同时也看到他们在宗教信仰等方面与藏族也有不同。从这些事实可以表明，“平武藏人”在历史上并非藏族的可能性是存在的。又比如一个民族历史上曾经由于打冤家发生了战争，从此互不承认是同一族，这次自报的时候，要独立出来自成一族，各说各的理，争执不下，这样的问题，有的拖到今天还没解决好。还有原来的汉人，迁徙到了少数民族地区，日久天长，语言、风俗习惯都改变了，自认为一族。为了搞清楚他们的来历，我们除了可以翻阅历史古籍来了解他们祖先迁徙的路线，还可以下去到他们的宗庙，甚至墓地去调查，从那里的一些碑文上也可以找到他们祖先的来源。当然问题还很多，以上仅仅是几个例子。

从民族识别工作中，我深切地感到我们对少数民族的知识实在太少了，必须赶紧补上，于是向有关部门提了一个建议，希望能够抽调力量，对每个少数民族的历史、现状进行调查研究，整理记录下来。这个建议得到了领导的认同。令人欣慰的是，经过了我们民族工作者几十年来的努力，我国的几十个少数民族，基本上都有了一部简史，这项工作已经搞出个模样了。

今天，我们已经闯入了“全球化”的潮流之中，社会经济正在飞速发展，我们的民族工作如何适应新形势，这是每个民族工作者应该认真思考的问题。我想，那些多年来从事民族工作的朋友，一定会对我们民族工作中存在的一些问题和弊端，有深刻的体会，他们一定可以提出很好的改进的意见和建议。作为一个退休的老民族工作者，我始终关心着少数民族兄弟发展的状况。

90岁那年，我到佳木斯同江市拜访了赫哲族同胞，并且同那里的同志讨论了“小民族，大家庭”这个问题；2001年，在兰州召开的“第六届社会学人类学高级研讨班”上，我做了《民族生存与发展》的演讲，谈了一些自己对民族工作的体会和想法，希望能对今后的民族工作有所帮助。我年纪大了，已经没有机会再到少数民族地区去拜访，只能坐在家里，祝愿他们在共产党的领导下，尽快地富裕起来，踏上小康之路。

应该多读点历史

历史是什么东西？它同人类的生活有什么关系呢？这个问题我一直想讲清楚。就从我自己讲起吧。因为老了，随时有可能会离开这个世界，这种感觉使我切身体会到作为一个人，的确是时代的过客。我活着要和许许多多人生活在一起，大家分工合作、互相来往，但是人一死就什么都没有了，那么人活在世上有什么意义？死了能留下什么呢？这就产生了“三不朽”的思想。一个人死了，其实他并没有离开这个世界。

为什么这样说呢，让我们来看看生命是怎么发生的。从生物学的角度来说，生命是从无到有，从一个单细胞的阿米巴变形虫经过亿万年，变成多细胞生物；从无性生殖到有性生殖，后来又有了动、植物之分……最后进化成了“人”。这个“人”逐渐进化，从原始人到现代人，他们的生活也从个体生活到群体生活。这是个大变化，这个变化引出了后来的人类学。“群体生活”并不是人类独有的。我们知道在其它动植物中也有这种现象，比如海里有一种鱼要附着在另一种鱼身上。陆地上有一种植物要攀附在另一种植物上才能生存，它们互相依赖，大家“不声不响”地进行合作，彼此之间并没有意识上的交流；后来不断地进化、升级，有了人，人是有意识的，知道互相间要合作，彼此有了交流。人还有“七情六欲”，靠了“五官”来接受外界的刺激，并通过神经系统对刺激作出反应，产生了“行为”。人类学研究“人”，就是从研究人的行为开始的。但是，人还有一个心理活动，它远远超出了“神经反应”，而是一个很复杂的“综合体”。人类的“意识”的发生，应该是心理学的源头。

生命经过了亿万年的演变，历经若干个阶段，从低级到高级、从简单到复杂，终于进化成最高级的“人”。我们知道，一切事物的发展，都有一个过程，它的前后、上下之间是脱离不了关系的，前面是后面、下面是上面的基础。表面上我们只看到了“升级”以后的事物，其实下一层的“性质”并没有被消灭，也就是基础虽然退化了，表面上看不到了，但它并没有消失。记得有一次，史禄国老师偶然发现我胳膊上的每个毛孔里都长出两三根汗毛，他很惊讶，说这是鱼类鱼鳞生长的特征，是一种返祖现象，表明人类进化过程中有一段像“鱼”一样的阶段。他说的意思，就是我们通常知道的，从胎儿在母体里发育成长的过程里，可以看到人类进化的各个阶段。其实是胚胎学讲的那套东西。

自然界从无机到有机、从无声到有声、从无识到有识、从无情到有情，一层一层地变，然而不是出来一个丢掉一个，而是“前面”包含在“后面”的变化里，然而变化了以后的“后面”，已经不再是“前面”了。我们要研究人，就必须从研究人的进化过程开始。当年我学习体质人类学时，就是从了解阿米巴虫开始，到解剖兔子（没有做人体解剖）。史老师是要我了解，人的每一个器官都是有来历的。他对发现我毛孔里长两三根汗毛这件事感到非常得意，经常用这个例子来说明生物器官的进化。因此，可以说人是从自然界里，经过一段很长很长时间进化而来的，这个漫长的古今之变就是历史。

长期以来，学者们对于历史的认识各不相同，是见仁见智。从史禄国和马林诺斯基两位老师身上可以看出，人类学这个圈子里，对于“历史”的看法也是不相同的，比如马老师曾经写过一篇文章，批评用历史的方法来研究现代问题，虽然马老师也声明历史还是有它的价值，但强调说不能用它来推论、预测社会的变化，不能用它来作为研究现代问题的根据。到我这一代人的时候，这个圈子里更出现了人类社会学的研究不要混在历史里边的提法。我受了这种提法的影响，有一段时期跟了潮流走，也不很重视历史了。但是很快我就觉得从“今天”是可以推测“昨天”的，因为历史并没有“走”，它还包含在“现在”里。人们一般不去关心这个时间概念——我们说昨天已经过去了，如果仔细想想，你会觉得“昨天”并没有走，今天里有昨天的“成分”在；就像昨天的“我”还留在今天的“我”里，可是今天的“我”已经有了变化，又不同于昨天的“我”了。这种看法，是把“事物”看作是不同时间上变化的集合体。

上个世纪40年代，我提出了“社会继替”和“差序格局”的概念。就是要说明，人类社会因为“不断地预备下新人物等着去接替旧人物死亡和退伍所发生的缺位”，所以能够不断延续下去，而且这种继替不是在同一时间发生，是参差不齐的。同样，也可以用继替和差序的概念来看待人类的文化。近年来，我把对“文化”问题的一些思考写出来，在刊物上发表了，这里我就不再啰嗦。

关于历史这个话题，这次只是开个头，以后有机会再接着谈吧。

去年在上海的一次讨论会上我说过，现在的年轻人，甚至是学社会学的年轻人，都不大知道我们国家的历史了，因此我希望大家加强历史意识（不仅仅是知识），使我们在看待眼前事物时，能联系上延续了几千年的中国文化。我们不能丢掉历史，当然也不盲从历史。我认为不懂得历史就不会懂得文化。

我寄望于年轻人。

2003年秋于北太平庄

（本文系费皖根据录音整理）